Günther Lange

TRIDUUM – DIE DREI TAGE

Triduum

GÜNTHER LANGE

DIE DREI TAGE

Die Passion nach Memlings «Passionspanorama»

VERLAG AM GOETHEANUM

Einbandgestaltung unter Verwendung von Hans Memlings Passion Christi
von Gabriela de Carvalho.

Das Gemälde «La Passione di Cristo» hängt in der Galleria Sabauda in Turin.
Die Abbildungen erscheinen mit freundlicher Genehmigung des Ministero per i Beni
e le Attività Culturali del Piemonte.

Gestaltung und Typographie: ctl-presse.de
Satz: Heiko Hanekop
Herstellung: Freiburger Graphische Betriebe

ISBN 3-7235-1094-9

INHALT

Vorweg 7

Das «Heilige Triduum des Gekreuzigten, des Begrabenen, des Auferstandenen» 9

Meester Jan van Memmelynghe in Brügge 13

Ein Weg von zweiundzwanzig Stationen durch das Bild 24

1. Einzug in Jerusalem 27
2. Tempelreinigung 41
3. Verrat des Judas 45
4. Abendmahl 53
5. Christus in Gethsemane 57
6. Judaskuß / Gefangennahme 61
7. Verleugnung des Petrus 67

Zwischen der sechsten und achten Station: Christus vor Hannas, Kaiphas und dem Synedrium 69

8. Christus vor Pilatus und Kaiphas 73
9. Geißelung 79
10. Dornenkrönung 85
11. Christus vor Herodes 93
12. Ecce Homo 99
13. Kreuztragung 103
14. Annageln ans Kreuz 107
15. Kreuzigung 113
16. Kreuzabnahme 117
17. Grablegung 123
18. Höllenfahrt 131
19. Auferstehung 135
20. Noli me tangere 139
21. Emmaus 145
22. Frühmahl am See 153

Anhang
Sieben Worte vom Kreuz 161
Sieben mystische Stufen 167
Schlüsselfiguren auf dem «Passionspanorama»:
Petrus und Johannes – Bischof und Lehrer 176
Lazarus-Johannes 178
Longinus 180
Tiere auf dem «Passionspanorama» 183
Literaturhinweise 187

VORWEG

Im Jahr 1994 entdeckte ich Hans Memling, ohne ihn gesucht zu haben.

Während ich auf dem Bahnhof auf einen verspäteten Zug wartete, kaufte ich mir die Kunstzeitschrift «Art» und entdeckte darin einen Artikel über Memling mit Abbildungen seines «Passionspanoramas». Was mich daran faszinierte, war weniger der Text, den ich mit Interesse gelesen habe, als die Abbildungen. Gewiß wußte ich einiges über Memling, das Übliche, über ihn und die anderen Maler seines Jahrhunderts. Ihn «persönlich» aber kannte ich bis dahin noch nicht, jenen Menschen, der im 15. Jahrhundert, zu Beginn des Zeitalters der Bewußtseinsseele, lebte. Gewahr wurde ich ihn durch seine Darstellung des unter dem Kreuz zusammengebrochenen Christus. Ich fühlte mich von dem, den Memling gemalt hatte, angeblickt.

Dadurch fing ich an, nach Memling zu fragen, und fühlte mich durch ihn in meiner eigenen Arbeit bestätigt – einem jahrzehntelangen Bemühen, die einzelnen «Schritte Christi durch die Zeit» zu verstehen und anderen verständlich zu machen. Bestärkt durch all das, was ich durch die zahlreichen Aussagen Rudolf Steiners über die heiligen drei Tage hatte aufnehmen können.

DAS «HEILIGE TRIDUUM DES GEKREUZIGTEN, DES BEGRABENEN, DES AUFERSTANDENEN»

Die kleine Tafel aus Eichenholz, auf die Hans Memling um 1470 seine «Passion Christi» malte, ist nur 56 Zentimeter hoch und 92 Zentimeter breit. Er stellte darauf alle Ereignisse des Karfreitags, des Karsamstags und des Ostersonntags, die heiligen drei Tage dar: Christi Leidenstod, seine Grablegung, Höllenfahrt und seine Auferstehung am dritten Tage. Geschehnisse, die sich im Verlauf von dreimal vierundzwanzig Stunden abgespielt hatten, versetzte Memling als gleichzeitiges Nebeneinander in die prachtvolle Kulisse einer Phantasiestadt mit Türmen, Kirchen und Kapellen seiner Zeit, die von einer Stadtmauer umgeben ist. Er malte damit ein Bild, auf dem sich nicht nur Tod und Auferstehung in Gleichzeitigkeit begegnen, sondern auch Tag und Nacht, Abend und Morgen.

Durch diese Art, das Nacheinander des zeitlichen Ablaufs aufzuheben, entsteht ein Tableau, ein Panorama, das durchaus jenem vergleichbar ist, das – vielfältig beschrieben – jeder Mensch im Augenblick seines Todes, als Rückschau auf sein nun beschlossenes, kürzeres oder längeres Leben vor sich hat. Eine Fülle vieler kleiner Bilder, die zu einem großen, alle kleinen einschließenden Panorama zusammengefaßt werden. Einem lebendigen Gewebe vergleichbar, in dem der

Verstorbene, für den Zeitraum von etwa drei Tagen, seine Vergangenheit «vor Augen» hat.

Memling faßt auf seiner Tafel in ähnlicher Weise die Geschehnisse der heiligen drei Tage zusammen, die Christus seinen Jüngern in den sogenannten Leidensverkündigungen immer wieder vor Augen zu stellen suchte.

Eingeleitet werden die drei Tage auf Memlings Bild durch die Darstellung dreier ihnen vorangegangener Ereignisse der Karwoche: des Einzugs Christi in die Heilige Stadt am Palmsonntag, der anschließenden Tempelreinigung und des Verrats des Judas nach der Salbung Christi durch Maria Magdalena im Hause Simons des Aussätzigen am Karmittwoch. Dann erst, als eröffnende Handlung des dreitägigen Zeitraumes, folgt die Darstellung des Abendmahls und das Hinausgehen des Judas in die Finsternis der auf den Gründonnerstag folgenden Nacht.

Abgeschlossen werden die heiligen drei Tage mit der Darstellung der beiden Jünger auf dem Weg nach Emmaus am Ostersonntag, zu denen sich, zunächst unerkannt, der Auferstandene gesellte, den sie dann beim Mahle am Brotbrechen erkannten.

Danach führt Memling den Betrachter seines Bildes aus der Zeit der drei Tage hinaus zur Morgenstunde am See Genezareth, die der Evangelist Johannes im 21. Kapitel seines Evangeliums schildert. Eine Stunde, in welcher der Auferstandene den vom nächtlichen Fischfang zurückkommenden Jüngern das Frühmahl bereitet hatte.

Memlings Bild der drei heiligen Tage setzt eine genaue Kenntnis der Evangelienberichte voraus und auch das Wissen, daß es ohne den Kreuzestod Christi und ohne den Abstieg in die Hölle eine Überwindung des Todes nicht geben kann, ja, daß seine Leiden und sein Sterben von ihm nicht nur gewollt, sondern bis in alle Einzelheiten hinein auch «geplant» waren, mit dem Ziel der Auferstehung am «dritten Tage».

Das zu begreifen vermochten die Apostel als Mitbeteiligte zu ihrer Zeit noch nicht. Auch den Vorblick auf die drei Tage in den Leidensverkündigungen Christi verstanden sie nicht. Allen voran Simon Petrus, der nach der ersten der Leidensverkündigungen bei Caesarea Philippi sein *Das widerfahre Dir nur nicht!* aussprach und darum die bittere Zurechtweisung Jesu hinnehmen mußte, er wolle nicht, was göttlich, sondern nur was menschlich ist. Bis zur letzten Leidensverkündigung, kurz vor dem Hinaufziehen Jesu mit seinen Jüngern von Jericho nach Jerusalem, gelang es den Zwölfen nicht, seine Worte, die auf die drei Tage hinwiesen, zu begreifen.

Bei Lukas lautet die letzte der Leidensverkündigungen: *Siehe, wir ziehen hinauf nach Jerusalem und es wird alles vollendet werden, was geschrieben ist von den Propheten über den Sohn des Menschen. Denn er wird ausgeliefert werden den Heiden. Er wird verspottet werden und verhöhnt und angespieen. Und sie werden ihn geißeln und töten. Und am dritten Tage wird er auferstehen. Sie aber verstanden nichts von alledem. Das Wort blieb ihnen verborgen und sie konnten nicht erkennen, was ihnen gesagt worden war* (Lk. 19, 31–34). Erst fünfzig Tage, nachdem Christus auferstanden war, erst zu Pfingsten, erfaßten die Jünger all das, was er ihnen und dem Volk vorher verkündet hatte.

Dieses beginnende und im frühen Christentum wachsende Begreifen schlug sich nieder in den Formeln der von den Täuflingen abzulegenden Taufbekenntnisse und fand schließlich seinen Platz in den verschiedenen Formen des christlichen Glaubensbekenntnisses als der in allen enthaltene Geschehensbericht der drei Tage: «Gelitten unter Pontius Pilatus, gekreuzigt, gestorben, begraben, niedergefahren zur Hölle, am dritten Tage wieder auferstanden von den Toten.»

Erst langsam entwickelte sich ein Verständnis dafür, daß ein Zeitraum von dreimal vierundzwanzig Stunden nötig war, um das Ziel, die Auferstehung, durch die zu vollziehenden Geschehnisse der drei Tage erreichen zu können.

Lateinische Kirchenväter des 4. Jahrhunderts wie Ambrosius und Augustinus bezeichneten diesen Zeitraum als «Triduum», Augustinus als «sacratissimum triduum crucifixi, sepulti, suscitati», als «heiliges Triduum des Gekreuzigten, des Begrabenen, des Auferstandenen». Damals nahm das Zeitalter der Theologen seinen Anfang, das der Evangelisten und Apokalyptiker war dagegen an sein Ende gekommen.

Das «Triduum Sacrum» als Zeitraum begann, der jüdischen Zeiteinteilung folgend, um achtzehn Uhr, wie jeder neue Tag am Abend des vorangegangenen Tages nach Sonnenuntergang um achtzehn Uhr beginnt. So nahm auch der Karfreitag, als das erste Drittel der drei Tage, seinen Anfang mit dem *Herzlich hat mich verlanget, dies Passah vor meinem Leiden mit euch zu essen*, das heißt, mit der Einsetzung des heiligen Abendmahles. Seinen Abschluß fand das «Triduum» mit dem «Abend des ersten Tages der Woche», des Ostersonntags, nachdem das Ziel, die Auferstehung von den Toten, erreicht war und der Auferstandene sich mit dem Vorzeigen seiner Wundmale zu erkennen gegeben hatte.

Das Erscheinen des auferstandenen Christus im Jüngerkreis am Abend des Ostersonntags, das Johannes und Lukas auf verschiedene Weise schildern, findet man nicht auf Memlings Passionstafel, wie er auch andere Ereignisse und Gestalten aus dem Bereich der drei Tage nicht gemalt hat, wie die Fußwaschung, die Christus im Abendmahlssaal an den Jüngern vollzog, oder die Flucht des nackten Jünglings bei der Gefangennahme Christi, die Markus schildert. Dennoch ist Memlings Darstellung der drei Tage vollständig, so wie auch in der knappen Formel «sacratissimum triduum crucifixi, sepulti, suscitati» des heiligen Augustinus alles enthalten ist.

MEESTER

JAN VAN MEMMELYNGHE

IN BRÜGGE

Marienbilder für die Bürger und Kaufleute

Als Hans Memling in der Mitte des 15. Jahrhunderts, im «Herbst des Mittelalters» nach Brügge kam, fand er eine vielgepriesene reiche Stadt vor, mit «goldenen Gassen, in denen man», wie Pero Tafur (1438), ein Reisender aus Spanien, berichtete, «alles kaufen konnte, was man haben wollte: Orangen und Zitronen aus Kastilien, Früchte und Wein aus Griechenland, Gewürze aus Alexandrien und der Levante, Pelze von der Küste des Schwarzen Meeres, Brokat und Seide aus Italien, dazu auch Gemälde aller Art von flämischen und niederländischen Meistern, die dem Leben und Sterben der reichen Leute den erwünschten Glanz verliehen».

Außerdem hatte Memling, wie viele seiner Zeitgenossen, die Möglichkeit, die Berichte der Pilger, die das Heilige Land bereist hatten, zu hören und zu lesen. Dirk de Vos zum Beispiel berichtet von der Jerusalemreise eines Freundes von Tommaso Portinari, Anselm Adornes, die dieser im Jahr 1470 unternommen und dessen Reisebericht Adornes' Sohn aufgeschrieben und veröffentlicht hatte. In diesem Zusammenhang weist de Vos auch auf die Aufforderung der Kirche in jenen Jahren hin, Andachten vor den heiligen Orten zu verrichten. Und wenn schon nicht im Heiligen Land, so doch vor den in den Kirchen aufgehängten Gemälden, die die heiligen Orte abbildeten.

In Brügge, von dem man damals sagte, daß es so schön sei wie Venedig und zudem nicht weniger reich, residierten neben den einheimischen Kaufleuten und denen aus vielen anderen Ländern auch die Bankiers, Abgesandte ihrer bekannten Bankhäuser in Florenz, Venedig und Genua. Zwei von ihnen bleiben durch Memlings Bilder unvergessen: Angelo Tani und Tommaso Portinari. Sie repräsentierten nacheinander die Bank der Medici in Brügge.

Tani bestellte bei Memling das «Jüngste Gericht», das, als es vollendet war, auf den Weg nach Florenz gebracht wurde, dort aber nie ankam, weil es unterwegs geraubt wurde und in Danzig landete.

Tommaso Portinari hat sich, zusammen mit seiner jungen Frau, des öfteren von Memling malen lassen. So sieht man beide als Stifterfiguren auf Memlings «Passionspanorama», das wahrscheinlich zunächst seinen Platz am Altar der Portinari-Kapelle in der Sankt Jakobskirche in Brügge fand, bis es schließlich, nach mannigfaltigen Umwegen, unter die Schätze der Galleria Sabauda in Turin aufgenommen wurde.

Durch Kunstliebhaber wie Tani und Portinari wurde Memling bald zum allenthalben gefragten Meister, der wie kein anderer den Publikumsgeschmack seiner Zeit zu treffen wußte, so daß die reichen Leute, Bürger wie Adelige, sich nicht nur gern von ihm porträtieren, sondern sich durch seine Kunst auch als Stifterfiguren in die Gesellschaft schöner und nobel gewandeter Heiliger versetzen ließen; wobei seine weiblichen Heiligen, wie die heilige Katharina oder die heilige Barbara, alle so aussehen, als seien sie schöne, sanfte Schwestern einer vornehmen Familie.

«Es stellte sich schnell heraus», so heißt es bei Christiane Kruse in «Die Erfindung des Gemäldes», «daß Marientafeln von seiner Hand zum Lieblingsbild der Bürger wurden. Auf diese Weise entstand eine ganze Edition von Marienbildern, die immer das gleiche Thema in leichter Abwandlung variierten. […] In

Mariens stiller sittsamer Gestalt sah der konservative Bürger ein leicht verständliches ethisches Ideal. Darüber hinaus wollte er Maria von den Luxusgütern umgeben sehen, die auch sein Leben verschönerten. Memling stellte sich auf die individuellen Wünsche seiner Kunden ein und garantierte jedem ein Unikat aus seiner Kollektion.»

Brügge und Memling hatten einander gefunden.

Memlings Aufstieg

«Meester Jan van Memmelynghe» erkaufte sich die Stadtbürgerschaft, gehörte bald zur «guten Gesellschaft», heiratete Anne, die Tochter eines Brügger Bürgers, hatte mit ihr drei Kinder und wohnte mit Familie und Werkstatt in zwei Häusern, die durch ein drittes, kleines verbunden waren. Als er am 11. August 1494 starb, gedachte man seiner als eines Großen. Und er war es auch, aufgerückt in die Reihe der gepriesenen Meister wie Jan van Eyck, Robert Campin, Rogier van der Weyden und Hugo van der Goes. Ihre Werke waren ihm natürlich bekannt. Rogier war sein Lehrmeister – das ist unübersehbar. Von allen hat er genommen, was ihm zusagte, und hat es sich zu eigen gemacht.

Jan van Eyck starb 1441 in Brügge, als Memling noch ein Kind war. Sicher ist Jan van Eyck nicht nur als Maler sein Vorbild gewesen, sondern auch als Persönlichkeit, die in allen damaligen Gesellschaftsschichten zugleich zu leben verstand, was vor fünfhundert Jahren noch viel weniger selbstverständlich war als heute. Er war der Vertraute Philipps des Guten, des Herzogs von Burgund (1419 bis 1467), war sein Hofmaler und Kammerherr, ein in jeder Hinsicht Gebildeter, einer, von dem der Herzog sogar lernen konnte. Außerdem war er für diplomatische Missionen geeignet, die ihn, im herzoglichen Auftrag, nach Spanien und Portugal und wahrscheinlich auch in den Orient führten. Er überschaute die damalige Welt und war in der Lage, sie dem Herzog gemalt, als Weltkarte vorzuführen. Und vor allem war er der berühmte Maler, der sich um 1430 in Brügge niedergelassen hatte und viele Aufträge von den reichen Bürgern annehmen konnte, die meist gebildeter als die Adeligen waren, weil sie sich wach am Heraufkommen des neuen Zeitalters beteiligten. In vielem ist Jan van Eyck jedoch für Hans Memling unerreichbar geblieben. So ist er nie als Kammerherr des Herzogs mit geheimen Aufträgen, wie es heißt, in die Welt gesandt worden und hat nie eine Weltkarte für seinen Herrn gemalt. Er hat auch nie an einem so berühmten Werk wie dem «Genter Altar» mitgemalt und es vollendet wie Jan neben seinem früh verstorbenen Bruder Hubert. Memling war kein Kosmopolit wie van Eyck, sondern einer, der aus Seligenstadt in die weltoffene Stadt Brügge kam und sich dort seine eigenen Ziele setzte und erreichte, die für Jan van Eyck nicht nahelagen, wie beispielsweise die Panoramabilder.

Rogier van der Weyden war schon ein halbes Jahr tot, als Hans Memling das Bürgerrecht der Stadt Brügge erwarb. Für Memling bedeutete dieser Anfang in Brügge zugleich das Ende seiner Lehrzeit bei dem verehrten Meister in Brüssel, dessen Werk er zwar nicht kopierte, wohl aber oft Motive von ihm übernahm. Wahrscheinlich, weil es in seinen Augen das Beste für seine Zeit war, was es noch zu verbessern galt.

Rogier van der Weyden wurde um 1400 in Tournai als Sohn eines Messerschmieds geboren. (Sein Geburtsjahr liegt also nicht so völlig im dunkeln wie das Hans Memlings.) Seit 1426 war er mit Elisabeth Goffart, der Tochter eines Schuhmachers in Brüssel, verheiratet. Nach seiner Lehrzeit bei Robert Campin in Tournai zog er als Freimeister in die Heimatstadt seiner Frau, nach Brüssel, wo ihm das Amt des Stadtmalers übertragen wurde. «Nach dem Tod von Jan van Eyck», schreibt Christiane Kruse, «nahm er dessen Stelle als Porträtist des burgundischen Adels ein, ohne jedoch im Dienst des Fürsten zu stehen.» Das unterschied ihn von Jan van Eyck. Er war zwar durch seine Bilder in die Nähe des Herzogs Philipp gerückt, der sich des öfteren von ihm hat malen lassen, war aber nicht van Eycks Nachfolger bei Hofe geworden. Zwar begegnete er dem Herzog und anderen Adeligen in der «Bruderschaft des Rosenkreuzes», zu der, wie Jean-Claude Frère berichtet, auch Bürger Zutritt hatten. Er hatte nur als Maler Zutritt zu diesem erlauchten Kreis, in dem sich «Ritter vom Goldenen Vlies» in einem Orden zusammenfanden. Diesen Orden, der im Januar 1430 gegründet worden war, nennt Hans Belting einen Anachronismus, «wenn man ihn nicht im Licht der dynastischen Machtpolitik sieht», die, so könnte man hinzufügen, bereits vor Memlings Zeit anfing, unzeitgemäß zu werden. Damals veränderte sich die europäische Welt mehr und schneller als in den Jahrhunderten davor und danach.

Die «universitas christiana», die umfassende Einheit der christlichen Welt, getragen von «imperium» und «sacerdotium», von Kaiserreich und Papsttum, war bereits zerbrochen. Statt dessen kamen die Nationalstaaten herauf, die einander bekriegten, wie Frankreich und England im Hundertjährigen Krieg, an dem auch Flandern seinen Anteil hatte. So in der Schlacht von Kortrijk, in der die Zünfte am 11. Juli 1302, lauter Nichtadelige aus den flandrischen Städten, das Heer der französischen Ritter vernichteten. Dem war bereits im Mai die «Morgenfeier von Brügge» vorausgegangen, in der die Zünfte die französische Besatzung überfallen und umgebracht hatten. Damals fingen nicht nur die Bürger, sondern auch die armen Leute, das «Proletariat» an, so viel persönliches Selbstbewußtsein zu entwickeln, daß sie sich dem Adel zu widersetzen begannen. Diese Menschen hatte nun Rogier van der Weyden im Blick, als er, berühmt und reich geworden, für die Armen verschiedener Brüsseler Pfarreien Geld stiftete, großzügig den Beginen beistand, wie auch den Kartäusern, denen er sehr verbunden war.

Erstmals wird in der Malerei eine Hinwendung zu den Unfreien, den Armen bei Hugo van der Goes deutlich, als er in seinem «Portinari-Altar» das Volk Einzug halten ließ, wie es F. Winkler ausdrückte; gemeint sind damit die anbetenden Hirten, einfache Leute aus dem Landvolk, voller Angerührtsein und Freude. «Sie sind nun Akteure, die ihre eigene Würde haben», schreibt dazu Christiane Kruse. Jetzt treten auch die Armen als Menschen auf, neben den Adeligen und der Geistlichkeit, nachdem die Reichen, Kaufleute und Bankiers, aber auch die Handwerker in ihren Zünften ihnen auf dem Weg des «Personwerdens» vorangegangen waren.

Unter diesen so verschiedenen Zeitgenossen sehen wir Hans Memling mit seiner Frau Tanne (Anne) und seinen drei Kindern. Wahrscheinlich hat er mit ihnen flämisch gesprochen. Mit seinem Meister Rogier sicher französisch, oder sollte man besser sagen wallonisch? Man kann sich auch die Frage stellen, welche Sprache die beiden, Rogier de la Pasture, wie er in Tournai hieß, und Hans Memling, in der Werkstatt miteinander gesprochen haben. Vor allem aber die Frage, wie sie und die anderen Künstler sich damals verständigten, wenn es um die Darstellung religiöser Themen ging. Man kann auch versuchen sich vorzustellen, wie und worüber sie sich mit ihren Kunden unterhielten, mit Bankiers, Kaufleuten, reichen Bürgern und Adeligen, wenn es um die Ausführung ihrer Porträts, der Heiligendarstellungen und des Gemäldes mit dem Jesuskind auf dem Schoß seiner Mutter ging; oder wie etwa das Gespräch verlief, das Portinari und Memling miteinander geführt haben, als Portinari das Bild der «Passion Christi» bestellte. Damals kannten die beiden einander bereits, weil Memling zu diesem Zeitpunkt schon die bekannten Porträts von ihm und seiner jungen Frau als Flügel für ein Triptychon gemalt hatte, dessen Mittelbild heute verschollen ist. Beim Porträtieren war es selbstverständlich, daß dabei Kontakte menschlicher Art entstanden, die nicht im Bereich des Gesellschaftlichen zu suchen und zu finden waren. Was wußte Memling von den Portinari?

Sicher von ihm selber, daß er ein Nachkomme jenes Folco Portinari war, der im Jahre 1285 das Hospital Santa Maria Nuova in Florenz gegründet hatte, und daß er beabsichtigte, sowohl das Porträt-Triptychon als auch die Passionstafel der zum Hospital gehörenden Kirche San Egidio zu stiften. Wahrscheinlich war Memling auch bekannt, daß Portinari im Jahre 1465 seinem Vorgänger Angelo Tani das Amt des Leiters der Medicibank in Brügge durch Intrigen genommen hatte. Denn auch Tani und dessen Frau hatte Memling porträtiert, als Tani bei ihm das Triptychon des «Jüngsten Gerichtes» für den Altar in seiner Privatkapelle in der Badia di Fiesole bestellt hatte. Gewiß hat sich Hans Memling bei den Begegnungen mit seinem Klienten Portinari in seiner Werkstatt und bei dessen öffentlichen Auftritten sein Teil gedacht, zumal Portinaris Lebensstil und sein leichtsinniges Geschäftsgebaren in Brügge wie auch in Florenz nicht verborgen geblieben waren. Darum war ihm von Piero de Medici bereits nahegelegt worden, nicht so viel am Hofe zu verkehren und dort kein Geld zu verleihen. Aber gerade das tat er, eitel wie er war, als erklärter Schatzmeister Karls des Kühnen, indem er ihm zu große Kredite einräumte, die verloren waren, als Karl der Kühne 1477 bei Nancy fiel, nachdem ihn die Schweizer schon ein Jahr zuvor, bei Murten, geschlagen hatten. Damit machte Portinari Konkurs und die Medici trennten sich von ihm.

Immerhin, der Name des nicht unbedingt sympathischen Tommaso Portinari aus Florenz bleibt für immer mit Hans Memlings «Passionspanorama» verbunden. Und es stellt sich die Frage, was Portinari mit dem überreichen geistigen Leben seiner Heimatstadt zu tun hatte und was er davon mit in den Norden nach Brügge brachte. Ob er vielleicht unter Freunden und Bekannten von der Tochter Bice seines Vorfahren Folco Portinari erzählte, die Dante als seine Beatrice verherrlichte? Ob und was für ein Verhältnis hatte er zur «Platonischen Akademie», die durch die Medici gegründet worden war? Ob er wohl zu den Menschen gehörte, die ein neues Welt- und Menschenbild suchten? Brachte er davon etwas mit nach Brügge? Etwa Gedanken eines Giovanni Pico della Mirandola, der im gleichen Jahr wie Hans Memling, am 17. November 1494 bei Florenz, starb? Eine strahlende Gestalt, ein Mensch, der sich voller Freude am Anfang eines neuen Zeitalters sah, in dem das Christentum mit der «wiedergeborenen» Kultur der Antike, mit ihren Philosophen und Dichtern, ja sogar mit allen Weisen der Welt, christlichen wie nichtchristlichen, verstehend begegnen und vereinen sollte. «Mitten in die Welt habe ich dich gestellt, damit du um so leichter um dich schauest und sehest alles, was darinnen ist», läßt Pico den Schöpfer zu Adam sprechen. «Du allein hast eine Entwicklung, ein Wachsen nach freiem Willen, du hast Keime eines allartigen Lebens in dir.» Pico, dem die Würde des Menschen so viel galt, gehörte zu den Humanisten der «Platonischen Akademie» in Florenz. Er hatte in Bologna und Paris studiert und wurde schließlich wegen seiner Erneuerungspläne vom allerunwürdigsten Borgia-Papst Alexander VI. in den Bann getan, mußte Rom verlassen und wurde, wie es heißt, in Florenz von Savonarola zum «rechten Alten» bekehrt, bevor er mit 31 Jahren starb.

Savonarola hatte alles getan, um Picos große Zukunftswilligkeit zu brechen und ihn in den Zwang der kirchlich verordneten Gebundenheit zurückzuführen. Daß es ihm nicht restlos gelang, spricht für Pico, der sich nicht dazu hatte nötigen lassen, in den Dominikanerorden einzutreten, was Savonarola in seiner erbarmungslos anklagenden Leichenrede zugeben mußte.

An Pico della Mirandolas Streben und seinem Scheitern wird in besonderer Weise die Janusköpfigkeit vieler seiner Zeitgenossen erlebbar: der Versuch vieler, in eine «neue Zeit» aufzubrechen und von den Kräften der Vergangenheit eingeholt zu werden. Auch Hans Memling, kein Philosoph der «Platonischen Akademie» wie Pico, gehörte auf seine Weise zu den Janusköpfigen.

Zwiespältigkeit und Janusköpfigkeit

Dirk de Vos stellt in seinem zu Memlings 500. Todestag im Jahre 1994 erschienenen Buch «Hans Memling. Das Gesamtwerk» die zentrale Frage zu Memlings malerischer Lebensarbeit: «Ist dies nur ein aufdämmernder religiöser Humanismus oder ein unbewußtes In-Schönheit-Enden einer vergangenen Zeit?» Wobei ein solches «Entweder-Oder» in dem bedeutenden Vos'schen Werk in keiner Weise zu finden ist, vielmehr ein «Sowohl-Als-auch»; denn in Memlings Werk, das gerade zeigt de Vos, treffen sich durchaus beide Elemente, das «In-Schönheit-Enden» mit dem Heraufdämmern eines Neuen. Zweifellos gehört der Maler der prächtigen Madonnen mit ihren nicht weniger prächtigen Stiftern an das Ende einer Zeit, in der sich noch die Frömmigkeit und die Religiosität des Mittelalters spiegelt, der er motivlich verhaftet blieb, während er als Schöpfer der Panoramabilder tastend am Anfang eines neuen Zeitalters stand. Auch darauf macht Dirk de Vos in seinem Buch aufmerksam. Zu Memlings Darstellung des Apokalyptikers auf Patmos, der Tafel des Johannes-Altars, schreibt er: «Die Darstellung, die Memling von der Apokalypse gab, ist ein Einzelfall in der Geschichte der bildenden Kunst.

Niemals hat ein Künstler die Darstellung des vollständigen Buches der Offenbarung in einer einzigen Szene gewagt.» Man kann den Satz durchaus erweitern und sagen, daß auch kein anderer als Memling die Darstellung der Passion Christi in einer Szene gewagt hat. Der Unterschied zwischen den beiden Bildern besteht nur darin, daß es bei der Apokalypse um Geschehnisse geht, die sich in gewaltigen Zeiträumen abspielen, während es sich bei der Passion, im Kern, um nur drei Tage handelt. Um Karfreitag, Karsamstag und Ostersonntag, kurz um das Triduum.

Ein drittes der Memlingschen Panoramabilder ist die Darstellung der «Sieben Freuden der Maria»; es faßt die Jahre des Marienlebens in einem Bild zusammen, angefangen mit der Verkündigung des Erzengels Gabriel an die Jungfrau Maria bis hin zu ihrem Tod und ihrer Himmelfahrt. Dazu schreibt Christiane Kruse in dem bereits genannten Buch: «Seine (Memlings) Bilderfindungen erweiterten und modernisierten das Spektrum der Tafelmalerei erheblich. Er erzählte die ganze Passion oder die aus Bibel und Legenden überlieferte Mariengeschichte in einem einzigen Panoramabild.»

Was, kann man fragen, veranlaßt Memling zu einer solchen «Erweiterung» und «Modernisierung»? Was bringt ihn dazu, sich selbst, im Sinne des Apokalyptikers, einen Überblick über die Dinge zu verschaffen, um sich selber und auch anderen – buchstäblich – ein Bild davon machen zu können? Was ging in diesem Menschen vor, der, auf der Schwelle zweier Zeitalter stehend, das Neue über die Welt hereinbrechen sah?

Zunächst kann man feststellen, daß Memling in seinen Bildern nie den Boden des kirchlich Erlaubten verlassen hat. Sein Erweitern und Modernisieren, von dem Christiane Kruse schreibt, betrifft durchaus nicht das Was, das Inhaltliche, sondern das Wie, Memlings «neue Sicht» des Alten und Wohlbekannten. Und darin, in der «neuen Sicht des Alten», muß man ihn sowohl als Zeitgenossen der Weltentdecker, der Portugiesen und des Columbus, die damals mit ihren Schiffen die Ozeane überquerten, nachdem die Erde in ihrer Kugelgestalt erkannt worden war, als auch als Zeitgenossen der Medici in Florenz, die dem «Meister Jan» in Gestalt ihrer Abgesandten Angelo Tani und Tommaso Portinari nahekamen, durch die Humanismus und Renaissance in Brügge Einzug hielten, sehen. Auch wird Memling, wie letztlich all seinen Zeitgenossen, der Verfall der Kirche und des Papsttums nicht verborgen geblieben sein. Die Kirche war durch ihre Geistlichkeit in Frage gestellt worden, was dazu führte, daß sie von den selbstbewußten Zeitgenossen allenthalben aufmerksam befragt wurde. Der Name Jan Hus wie auch der des John Wiclifs waren bekannt. Überall entstanden neben der offiziellen Kirche religiöse Bruderschaften. Die Reformation stand vor der Tür.

Man sollte sich auch fragen, was Memling empfunden und gedacht haben mag, als die mohammedanischen Türken Vorderasien, Ägypten und Nordafrika eroberten und auf dem Balkan vordrangen, um 1453 Konstantinopel zu erobern und das oströmische, christlich-byzantinische Reich zu vernichten.

Eine Fülle von Ereignissen trafen auf den nicht zu übersehenden Bewußtseinswandel der Bewohner Europas auf, auch wenn davon in Memlings Werk nichts zu sehen ist. Dennoch kann man sicher sein, daß ein Mensch wie Hans Memling die Erfindung des Buchdrucks und das gleichzeitige Entstehen vieler Druckwerkstätten und Papiermühlen richtig zu deuten wußte. Immerhin gab es auch zu seiner Zeit bereits eine Reihe von Bibeldrucken, die vor der Lutherbibel entstanden waren.

Was allerdings im persönlichen Leben Memlings erlebbar wurde, war das beginnende Ende der reichen Stadt Brügge: der Hafen, das «Tor zur Welt», war im Hin und Her der Gezeiten am Versanden. Große Schiffe konnten ihn schon lange nicht mehr erreichen; ankommende Waren mußten bereits vom Anfang des 15. Jahrhunderts an auf dem Landweg in die Speicher der Stadt gebracht werden. Das Ende der Weltstadt zeichnete sich deutlich ab, noch bevor im Jahre 1488 Kaiser Maximilian I., der durch Heirat Herr über die burgundischen Besitztümer und damit auch über die Niederlande geworden war, den Kaufleuten in Brügge riet, sich von nun an in Antwerpen anzusiedeln. Damit stieß er nicht auf taube Ohren. So übernahm Antwerpen die Rolle des reichen Brügge, das seinen Reichtum und seinen Glanz verlor und allmählich zur verstaubten Provinzstadt herabsank.

Um Memling verstehen zu können, muß man ihn in seiner Zwiespältigkeit sehen. Auf der einen Seite hat man, wie gesagt, den Maler der schönen Madonnen und Heiligen, der jedem seiner Kunden «ein Unikat aus seiner Kollektion» garantierte, auf der anderen Seite den «Bilderfinder» und «Modernisierer», der die ganze Passion Christi in all ihrer Vielfältigkeit in einem Panoramabild zu fassen vermochte; und das, weil sein Jahrhundert eine ganz neue Bewußtheit von den Menschen verlangte, ein rasches Überschauenkönnen der Tatsachen und Ereignisse der Welt in ihren logischen Zusammenhängen. In dieser Überfülle bedrängender Tatsachen seines Jahrhunderts muß man Memling sehen. In einem Zeitalter also, in dem in den Menschen eine neue geistige Kraft zu erwachen anfing, die letztlich unser Zeitalter heraufgerufen hat.

EIN WEG

VON ZWEIUNDZWANZIG STATIONEN

DURCH DAS BILD

Hans Memlings «Passionspanorama» bietet auf den ersten Blick eine verwirrende Fülle von Einzelheiten, Gebäuden, Gegenständen und Gestalten, deren Zusammenhang zu entdecken und zu klären der Betrachter sich genötigt sieht. Eine wesentliche Hilfe bietet ihm der Maler selbst, dadurch, daß er den gesamten Schauplatz wie eine Bühne ausleuchtet und das, worauf es ihm ankommt, «ins rechte Licht» rückt.

So kann die Aufmerksamkeit des Betrachtenden zunächst auf eine Szene gelenkt werden, die in der Bibel nicht beschrieben wird: auf die Herstellung des Kreuzes. Zwei Zimmerleute verrichten ihre Arbeit verwunderlicherweise inmitten von Jerusalem, auf dem Forum der Stadt, vor aller Augen. Dabei beachten sie das Geschehen um sich herum in keiner Weise, auch nicht die beiden Hunde, die links und rechts, nahe bei ihnen zu sehen sind. Sie kümmern sich weder um die Geißelung Jesu, die sich auf dem Bild über ihnen abspielt, noch um alle weiteren Stationen seines Leidens, die hinter ihrem Rücken nicht zu übersehen sind.

Anders als den beiden Zimmerleuten ergeht es zwangsläufig dem Betrachter des Bildes, weil er das ganze Geschehen von einem erhöhten Standpunkt aus, sozusagen aus der «Vogelperspektive», bis hin zum Horizont in der Ferne zu überschauen vermag und dabei unweigerlich zu fragen beginnt, was sich da eigentlich vor seinen Augen abspielt. Letztlich wird er sich genötigt sehen, seinen erhöhten Standpunkt zu verlassen, um dem Weg Christi durch die einzelnen Stationen des Bildes zu folgen – links oben mit der Darstellung des Einzuges Christi in die Heilige Stadt beginnend. Dabei durchschreitet er mit ihm zweiundzwanzig Stationen:

1.	Einzug in Jerusalem	(Palmsonntag)
2.	Tempelreinigung	(Palmsonntag)
3.	Verrat des Judas	(Karmittwoch)
4.	Abendmahl	(Karfreitagsbeginn)
5.	Christus in Gethsemane	(Karfreitag)
6.	Judaskuß / Gefangennahme	(Karfreitag)
7.	Verleugnung des Petrus	(Karfreitag)
8.	Christus vor Pilatus und Kaiphas	(Karfreitag)
9.	Geißelung	(Karfreitag)
10.	Dornenkrönung	(Karfreitag)
11.	Christus vor Herodes	(Karfreitag)
12.	Ecce Homo	(Karfreitag)
13.	Kreuztragung	(Karfreitag)
14.	Annageln ans Kreuz	(Karfreitag)
15.	Kreuzigung	(Karfreitag)
16.	Kreuzabnahme	(Karfreitag)
17.	Grablegung	(Karfreitag)
18.	Höllenfahrt	(Karsamstag)
19.	Auferstehung	(Ostersonntag)
20.	Noli me tangere	(Ostersonntag)
21.	Emmaus	(Ostersonntag)
22.	Frühmahl am See	(Nach dem Ostersonntag)

ERSTE STATION:

EINZUG

IN

JERUSALEM

Christi Einzug in Jerusalem war das Ziel seines Erdenweges, das er mit aller Macht angestrebt hat. *Sie waren aber auf dem Wege hinauf nach Jerusalem, und Jesus zog ihnen stetig voraus, und sie entsetzten sich und die anderen folgten ihm mit Angst* (Mk. 10,32).

Er kam mit seinen Jüngern aus der Gegend von Ephrem, wo sie sich außerhalb der Gewalt der Hohepriester in Sicherheit gewußt hatten; darum verstanden sie nicht, warum er freiwillig zum Passah-Fest nach Jerusalem hinaufziehen wollte, denn damit begab er sich in die Hände seiner Feinde, die ihn nach der Erweckung des Lazarus bereits zum Tode verurteilt hatten (Joh. 11,46ff.).

Etliche aber von ihnen gingen hin zu den Pharisäern und sagten ihnen, was Jesus getan hatte. Da versammelten die Hohepriester und die Pharisäer einen Rat und sprachen: Was tun wir? Dieser Mensch tut viele Zeichen. Lassen wir ihn also, so werden sie alle an ihn glauben; so kommen dann die Römer und nehmen uns Land und Leute. Einer aber unter ihnen, Kaiphas, der desselben Jahrs Hohepriester war, sprach zu ihnen: Ihr wisset nichts, bedenket auch nichts; es ist uns besser, ein Mensch sterbe für das Volk, denn daß das ganze Volk verderbe. (Solches aber redete er nicht von sich selbst; sondern weil er desselben

Jahrs Hohepriester war, weissagte er. Denn Jesus sollte sterben für das Volk; und nicht für das Volk allein, sondern daß er auch die Kinder Gottes, die zerstreuet waren, zusammenbrächte.) Von dem Tage an ratschlagten sie, wie sie ihn töteten.

Ethelbert Stauffer gibt in seinem Buch «Jesus, Gestalt und Geschichte» den einzigen erfindlichen Grund für das Hinaufziehen Jesu nach Jerusalem an: «Jesus wollte an Passah sterben.» Es gab keinen anderen Grund.

Memling hat Christi Einzug in Jerusalem gemäß den Schilderungen der Evangelisten dargestellt: Jesus reitend auf einem Esel, gefolgt von seinen zwölf Jüngern, begrüßt von Menschen, die ihm entgegenziehen, ihre Kleider vor ihm ausbreiten und Zweige von den Bäumen schlagen, die sie vor ihm auf den Weg streuen. Er folgte damit einer Tradition, die schon im 4. Jahrhundert ihren Anfang genommen und verschiedene Darstellungstypen entwickelt hatte. Er macht dabei eine stille Abschiedsszene sichtbar, nicht das jubelnde Hosianna der erregten Jerusalempilger, die in Jesus den einziehenden König begrüßten, den erwarteten Messias.

Auf Memlings Bild kommen Jesus und seine Jünger aus einer stillen frühlingshaften Landschaft, zu der Luthers «etliche hieben Maien von den Bäumen» durchaus paßt. Zwei Frauen bleiben zurück, sich verabschiedend, Maria und Maria Magdalena, die Schwester des Lazarus. Oder sind es Martha, die andere Schwester des Lazarus, und Maria Magdalena, die von Bethanien her, dem Ort, in dem Lazarus wohnte, Jesus und den Zwölfen das Geleit gegeben hatten? Denn in der Morgenfrühe war Jesus vom Haus des Lazarus aufgebrochen, wohin er auch am Abend des Palmsonntags zurückkehrte.

Ganz sicher ist es beim Betrachten der einzelnen Stationen des Bildes wichtig, auch nach allen nur möglichen Hintergründen des Dargestellten zu fragen, und nach alledem, was der Künstler nicht «mitgemalt» hat. So gilt für den Palmsonntag insbesondere, daß er sich all das vergegenwärtigt, was dem Einzug in die Stadt vorangegangen war, angefangen beim Aufbruch Jesu mit den zwölf Jüngern aus Bethanien.

Die Evangelisten schildern das auf verschiedene Weise.

Bei Markus heißt es: *Und als sie nahe an Jerusalem herankamen, nach Bethfage, und Bethanien am Ölberg, sandte er zwei seiner Jünger aus und sprach zu ihnen: Geht hin in den Ort, den ihr vor euch seht, und sogleich, wenn ihr hineinkommt, werdet ihr ein Eselsfüllen finden, angebunden, auf dem noch nie ein Mensch gesessen hat. Löst es los und führt es her. Und wenn euch jemand fragen wird: Warum tut ihr das? so sagt: Der Herr bedarf seiner. Und sofort wird er es hierher senden* (Mk. 11, 1–3).

Auch bei den anderen Evangelisten wird von dem Eselsfüllen gesprochen. Bei Lukas steht der Hinweis, daß auf dem Füllen noch nie ein Mensch gesessen hatte. Matthäus hingegen berichtet von einer Eselin, die die Jünger mit ihrem Füllen herbeiholen sollten, womit er auf den Propheten Sacharja hinweist, der geschrieben hatte: *Sprecht zu der Tochter Zion: Siehe, dein König kommt zu dir, hoheitsvoll. Er reitet auf einer Eselin und auf dem Füllen des lastbaren Tieres* (Sach. 9, 9). Er leitet das Zitat mit den Worten ein: *Es sollte das Wort des Propheten in Erfüllung gehen.* Auch Johannes bezieht sich mit seinem Zitat, *reitend auf einem Eselsfüllen,* auf den Propheten Sacharja.

Nur auf diesem Hintergrund kann man verstehen, daß die Evangelisten Wert darauf legten, darzustellen, daß Christus selber sich den Esel holen ließ, um in der dem Messias gemäßen Form, «auf einem Esel reitend», in Jerusalem einziehen zu können. Von daher begreift man auch, daß die Eselhalter auf das *Der Herr bedarf ihrer!* sofort richtig reagierten, weil sie wußten, wer mit dem *der Herr* gemeint war. Sie müssen auf diesen Augenblick der Aufforderung des Herrn geradezu gewartet haben, ähnlich wie die Heiligen Drei Könige auf das Erscheinen des Sternes gewartet haben. Das läßt die Vermutung berechtigt erscheinen, daß es damals für die den Messias Erhoffenden und Erwartenden selbstverständlich mit dazu gehört hat, zum Passah-Fest Jahr für Jahr einen Esel bereitzuhalten, *bis daß Er kommt.*

Damals verstanden alle das Eselsfüllen, auf dem noch kein Mensch gesessen hatte, wie auch die Eselin mit ihrem Füllen als «Zeichen», als gleichnishaftes Bild, das schon von der Genesis her bekannt war. Da heißt es von Jakobs Sohn Juda: *Er wird seinen Esel an den Weinstock binden und seiner Eselin Füllen an die edle Rebe* (1. Mose 49, 11).

Hier tritt erhellend zum Bild der Eselin und ihres Füllens das nicht minder vertraute des Weinstocks hinzu, von dem es im 80. Psalm heißt: *Du hast einen Weinstock aus Ägypten geholt und hast vertrieben die Heiden und denselben gepflanzt. Du hast sein Gewächs ausgebreitet bis an das Meer und seine Zweige bis an den Strom* (Ps. 80, 9 und 12).

An dieses vom Meer bis zum Strom sich ausbreitende Gebilde der Blutsverwandtschaft, das der Psalmist einen Weinstock nannte, band jeder, der zum Volk Israel gehörte, mit seiner Geburt «seinen Esel», seinen ererbten Körper. Mit all seinen Stärken und Schwächen, die nun einmal zum «Bruder Esel», wie Franz von Assisi seinen kranken Leib nannte, gehören. Der heilige Franz verstand noch die Bildersprache und konnte auch bei seinen Zuhörern ein solches Verständnis voraussetzen.

Für den auf dem Esel Reitenden gab es am Palmsonntag keine Erklärungen. Alle verstanden, was mit der Eselin und ihrem Füllen gemeint war. Zwar waren die später im Johannes-Evangelium aufgezeichneten Worte der Abschiedsreden Jesu noch nicht ausgesprochen, wohl aber war die radikale Wendung vom «weit ausgebreiteten Weinstock» der vielen zum *Ich bin der wahre Weinstock, ihr seid die Reben* zu dem einen, zu Christus, schon vollzogen worden. Eine neue Wirklichkeit hatte bereits begonnen, die im Bilde des Reitens auf dem Eselsfüllen, auf dem noch nie ein Mensch gesessen hatte, von Jesus selbst dargestellt wurde. Mit dem Schritt vom Alten zum Neuen, von der Eselsmutter zum Eselsfüllen, wies er hin auf den Schritt, der von dem sterblichen Leib des «ersten Adams» zum neuen, künftigen Leibe des «zweiten Adams» zu tun war, der anfänglich in der sterblichen Hülle Jesu bereits vorhanden war.

Darauf wird man durch den Palmsonntagsbericht des Johannes-Evangeliums hingewiesen, wird Zeuge der vorletzten Stufe der Entstehung des Auferstehungsleibes, der eine Woche später, im «letzten Akt», am Ostersonntag mit der Auferstehung Christi vollzogen wurde. Dieser «vorletzte Akt» beginnt bei Johannes gleich mit dem Einzug in Jerusalem. Das Besondere daran ist, daß er das Wort «onarion», das «Eselein», verwendet, das Diminutivum von «onos», der Esel. *Jesus fand ein Eselein und ritt darauf.* Danach folgt dann das Sacharja-Zitat: *Fürchte dich nicht, Tochter Zion! Siehe, dein König kommt zu dir, reitend auf einem Eselsfüllen.* Johannes weist also mit besonderer Deutlichkeit auf das Junge, das Neue hin, das so «neu» ist wie der Leib des Auferstandenen am Ostermorgen. Betont wird diese Schilderung noch durch den zurückblickenden Nachsatz: *Dies aber verstanden seine Jünger zunächst nicht, sondern erst als Jesus verklärt war, dachten sie daran, daß dieses über ihn geschrieben worden war und sie selber Mithandelnde gewesen waren.*

Auch an einer anderen Stelle seines Evangeliums fügt Johannes einen Satz ein, der das erst nach der Auferstehung Christi einsetzende Begreifen der Jünger deutlich macht. Auch da geht es um den Leib, für den Jesus an dieser Stelle nicht das Bild des Esels, sondern das des Tempels verwendet. *Brecht diesen Tempel ab und am dritten Tage will ich ihn neu errichten! Da sprachen die Juden: Dieser Tempel ist in sechsundvierzig Jahren erbaut worden; und du willst ihn in drei Tagen errichten? (Er aber sprach vom Tempel seines Leibes. Als er nun auferstanden war von den Toten, erinnerten sich seine Jünger daran, daß er dies gesagt hatte und sie vertrauten der Schrift und dem Wort, das Jesus gesprochen hatte.)* (Joh. 2, 19–21)

Diese nur bei Johannes geschilderte Auseinandersetzung Jesu mit den Tempelhütern nach der vollzogenen Tempelreinigung fand in den Tagen des ersten der drei von Johannes geschilderten Passah-Feste statt. Auch da heißt es: *Und das Passah der Juden war nahe und Jesus zog hinauf nach Jerusalem* (Joh. 2, 13). Damals gab es allerdings noch kein Eselein, auch keine Jünger, die ihre Kleider auf dem Weg ausbreiteten, und auch keine Hosianna! schreiende Volksmenge, wohl aber hatte Jesus das gleiche Ziel vor Augen wie auch beim letzten Passah: den Tempel.

Zunächst könnte man vermuten, Jesus habe den Tempel aufgesucht, um in dem zu sein, *was meines Vaters ist*, wie es der Zwölfjährige zu seinen Eltern gesagt hatte, als sie ihn nach dreitägigem Suchen im Tempel fanden (Lk. 2, 49). Doch war schon beim ersten der drei bei Johannes genannten Passah-Feste klar, daß die Hohepriester und die zu ihnen Gehörenden aus dem Heiligtum eine «Mördergrube» gemacht hatten. Damals schon wohnte der «Allerhöchste», wie es in der

Apostelgeschichte des Lukas heißt, *nicht mehr in Tempeln, die von Händen gemacht sind* (Apg. 7, 48). Es war also durchaus nicht mehr so, wie zur Zeit des Jesajas, der den Herrn noch sitzen sah *auf einem hohen und erhabenen Stuhl und sein Saum erfüllte den Tempel* (Jes. 6, 1), sondern Gott hatte den Tempel verlassen. Die Zeiten hatten sich geändert, wie an der Geschichte des Volkes Israel abzulesen ist.

Inzwischen war *das Wort Fleisch geworden und hatte unter uns gewohnt*, in einem sterblichen Leib, der durch die Einwohnung Christi zum «Tempel» geworden war. So war die Antwort, die Jesus den Hütern des damaligen Tempels, seinen Verunreinigern, gab, bereits beim ersten Passah eine Art Aufforderung an sie, doch seinen Leib abzubrechen, damit er ihn am dritten Tage wieder aufrichten könne. Das war es, was seine Jünger erst rückblickend begriffen, *als er auferstanden war von den Toten*. Das Reiten Jesu auf dem Eselein hingegen verstanden sie erst, als Jesus «verklärt» war.

Mit diesen beiden Aussagen ist jeweils ein anderer Aspekt und ein anderer Zeitpunkt im Auferstehungsgeschehen gemeint. Der erste weist hin auf den Sieg über den Tod und dessen Reich und Gewalt. Der zweite auf das mit der «Herrlichkeit» des Vaters gewonnene «Verklärtsein» Christi, das er durch Leiden, Tod und Auferstehung als sein vorgesetztes Ziel erreicht hatte.

Für Worte wie Herrlichkeit oder Verklärung steht im Griechischen meist das Wort «Doxa». Dazu schreibt Rudolf Frieling in «Die Verklärung auf dem Berge»: «Doxa gehört zu den ganz wichtigen Vokabeln des Neuen Testamentes. Es besagt ein Scheinen. In der griechischen Philosophie treffen wir das Wort bereits Jahrhunderte vor den Evangelien in abgewerteten Bedeutungen an. Da bezeichnet es den bloßen äußeren Schein und in diesem Sinne die nur subjektive Meinung. Das Wort Schein kann aber etwas Vollgültiges besagen, wenn etwas Wesentliches im Hintergrunde steht, das in dem Schein erscheint, wie die Sonne im Sonnenschein. Macht sich aber der Schein im Vordergrunde selbständig, verliert er den Zusammenhang mit dem, was da in ihm erscheinen will, dann wird er nichtig, wie etwa ein Inflationsschein ohne Deckung. Im Neuen Testament tritt Doxa fast überall in seiner unverminderten Würde auf und meint wahrhaft ein Erscheinen, eine Manifestation. Die lateinische Übersetzung gibt es mit ‹gloria, claritas, majestas, honor› wieder.»

Anders als die Jünger es vermochten, blickte Christus von seinem «Verklärt-Sein» auf den Ausgangspunkt seines Weges zurück, auf die Welt des Vaters über der «Lichtwolke», die Matthäus schildert, von wo aus er in die Welt gesandt worden war (Mt. 17, 5). Zugleich aber lenkte er seinen Blick und den der Jünger auf das Ziel seines Weges, auf das erneute Eintreten in die Lichtwelt des Vaters, das nur durch die Überwindung des Todes und die Auferstehung zu erreichen war.

Das Besondere des Palmsonntags, das nur Johannes schildert, ist die Verklärung Christi vor den griechischen Jerusalempilgern. Eine zweite Verklärung nach der ersten bekannten auf dem Berge Tabor der synoptischen Evangelien.

Für die Synoptiker ist mit dem Bild des Esels alles Nötige ausgesprochen. Bei Johannes dagegen heißt es: *Die Stunde ist gekommen, daß der Sohn des Menschen verklärt werde.* In Vers 27 dann: *Jetzt ist meine Seele betrübt und was soll ich sagen, Vater hilf mir aus dieser Stunde. Aber um dessentwillen, was hier geschieht, bin ich ja in diese Stunde gekommen. Vater, verkläre deinen Namen! Da kam eine Stimme aus dem Himmel: Ich habe ihn verklärt und will ihn abermals verklären. Da sprach das Volk, das dabeistand und zuhörte: Es hat gedonnert. Andere sagten: Ein Engel hat mit ihm gesprochen. Jesus aber sprach: Nicht um meinetwillen ließ sich diese Stimme hören, sondern um euretwillen. Nun geht das Gericht über die Welt, nun wird der Fürst dieser Welt ausgestoßen. Und ich, wenn ich erhöht sein werde von der Erde, will ich sie alle zu mir ziehen* (Joh. 12, 23 und 27–32).

Mit der Schilderung der abermaligen Verklärung, die erst vollendet war, als Judas und mit ihm der Satan ausgestoßen wurde, läßt Johannes in den Hintergrund des Palmsonntagsgeschehens blicken, auf das Erreichen einer neuen Stufe im Prozeß der Menschwerdung des Sohnesgottes, der sich «hinter» dem, was die anderen Evangelisten schildern, abspielt; ein Ereignis, das die Synoptiker nicht zeigen.

Als Judas nach den Worten Jesu in die Finsternis der Nacht hinausging, nahm das Triduum, das Geschehen der «drei Tage», seinen Anfang. Damit war Christus in die Mitte zwischen seinem Abstieg vom Vater und dem erneuten Aufstieg eingetreten. In den «Abschiedsreden» des Johannes-Evangeliums macht er dieses in der «Mitte-der-Zeiten»-Angekommensein den Jüngern klar: *Ausgegangen bin ich vom Vater und gekommen bin ich in die Welt. Nun verlasse ich die Welt und gehe zum Vater* (Joh. 16, 28).

Deutlicher läßt sich der «Standort» Christi in der Mitte der Zeiten nicht darstellen. Als die Mitte der Mitte kann man das letzte Wort Jesu vom Kreuz sehen, sein *Es ist vollbracht!*

Diether Lauenstein schreibt in seinem Buch «Der Messias» über die «Mitte der Zeiten»: «Die endlose Zeit ist ein mathematisches Abstraktum, ebenso die abgezählte. Für die Zeit, die für Leib und Seele wirklich ist, gibt es nur ein rhythmisches Maß. Fromme Juden glauben auch heute noch den Messias am Ende der Geschichte. Erden- und Menschenzeit werden in diesem Glauben – anders als in der modernen Naturwissenschaft – nicht unterschieden. Die Erde ohne Menschen wäre Staub, ein Nichts. Nur die Christen glauben den Gottmenschen nicht am Anfang und nicht am Ende, sondern in der Mitte der Geschichte. Das ist kühn gegen Heiden und gegen Juden. Oben schon erinnerten wir, daß dies nach Platon gar nicht gedacht werden kann: Die Idee des Menschen voll gegenwärtig in der einen Person Jesus. In mythischer Gestalt liebt die Idee den Rand der Zeiten, die Zeitferne, aber nicht deren Mitte. Kaum ein Christ hat bisher ermessen, was in unserem Weltbild umgedacht werden muß, wenn Jesus Christus in der Mitte der Zeiten und im Vollzusammenhang von Kosmos und Geschichte verstanden werden möchte. Augustinus ist wohl der einzige, der sich angesichts dieser Aufgabe wenigstens ans Werk machte.» Lauenstein weist in diesem Zusammenhang auf Hans Conzelmanns Buch «Die Mitte der Zeit» und damit auch auf den Evangelisten Lukas hin.

Wenn man die Menschwerdung Christi und damit auch das Geschehen der «drei Tage» in der «Mitte der Zeit» sieht, fragt man selbstverständlich auch nach alldem, was vorher, auf dem Wege vom Vater zur Mitte, geschah, und dem, was danach, von der Mitte zum Vater, zu geschehen anfing.

Zu den ganz besonderen Ereignissen auf dem Wege Christi zur «Mitte der Zeiten», bei denen die Stimme des Vaters aus dem sich öffnenden Himmel oder aus einer Lichtwolke sprach, gehören die Taufe Jesu im Jordan, die Verklärung auf dem Berge Tabor und seine abermalige Verklärung am Palmsonntag. Alle drei führen hin zum «Triduum Sacrum», zur Auferstehung nach dreien Tagen. In diesen Ereignissen wird die stufenweise Durchdringung des Menschen Jesus mit den göttlichen Kräften des Vaters durch den Sohn, als fortschreitender Verklärungsvorgang, sichtbar, der zugleich in allen Heilungen, Totenerweckungen, Dämonenaustreibungen und den Zeichentaten Christi wirksam war.

Jeder mit den Evangelien Vertraute hat beim Betrachten des von Memling gemalten Jesus die Berichte aller vier Evangelisten vor sich. In ihren Verschiedenheiten und ihren Übereinstimmungen, die kein «Entweder-Oder» zulassen, sondern nur ein «Sowohl-Als-auch». Bei keinem von ihnen könnte man etwas ändern wollen, wie auch an Memlings Bild nichts zu ändern oder zu verbessern ist.

Als Jesus mit den Jüngern von Bethanien aufbrach, um nach Jerusalem zu ziehen, war es, wie Memling es gemalt hat, früher Morgen. Die Nacht, mit der – wie anfangs gesagt – nach jüdischer Zeiteinteilung jeder neue Tag beginnt, war vorbei. Und damit auch der dazugehörende Abend mit dem Mahl im Hause des Lazarus, von dem Johannes berichtet (Joh. 12, 1–8). Martha, die Schwester des Lazarus, diente bei Tisch, und die andere Schwester, Maria Magdalena, salbte die Füße Jesu mit kostbarer Salbe und trocknete sie mit ihren Haaren. Damit fing nach dem Johannes-Evangelium der Palmsonntag an und mit ihm die heilige Woche. Auch nach dem Bericht des Johannes murrte Judas über die Vergeudung des teuren Salböls, obwohl der Christus vor allen Anwesenden die Salbung durch Maria Magdalena als Todessalbung für sich annahm und anerkannte.

Die Schilderungen der Salbung bei Matthäus und Markus unterscheiden sich wesentlich von der des Johannes. Nach ihrer Darstellung fand die Salbung am Abend des Karmittwochs – also in den ersten Stunden des Gründonnerstags – im Hause Simons des Aussätzigen statt. Eine Frau, heißt es, trat an Jesus heran, die ein Glas mit kostbarem Nardenwasser in der Hand hielt, das sie Jesus über das Haupt goß. Sie salbte also, im Gegensatz zum Johannes-Evangelium, nicht die Füße Jesu und trocknete sie folglich auch nicht mit ihren Haaren. Weiter heißt es auch nicht, wie bei Johannes, daß der Geruch der Salbe das ganze Haus erfüllte. Außerdem sind es nach Matthäus und Markus alle Jünger, die wegen der Vergeudung des kostbaren Öles unwillig wurden, nicht wie bei Johannes nur Judas, den er einen Dieb nannte. Anders auch als bei der Salbung am abendlichen Beginn des Palmsonntags geht Judas bei Matthäus und Markus auf der Schwelle vom Karmittwoch zum Gründonnerstag, sofort nach der Salbung, zu den Hohepriestern, um Jesus zu verraten. Doch auch in diesen beiden Evangelien hob Jesus den Vollzug der Salbung in den Rang der nie zu vergessenden und stets im Bewußtsein der Gläubigen zu haltenden Ereignisse.

Auch Lukas schildert, allerdings außerhalb des Passionsgeschehens und so auch ohne die Beteiligung des Judas, eine Salbung der Füße Jesu durch eine Frau, die als Sünderin bezeichnet wird, in der unschwer Maria Magdalena zu erkennen ist (Lk. 7, 36–50). *Sie küßte die Füße Jesu und netzte sie mit ihren Tränen.* Die Darstellung der Salbung bei Lukas ist besonders aufschlußreich und aufklärend, sowohl für die mit der Passion verbundenen Salbungen, die die anderen drei Evangelisten schildern, als auch für ein in den Tagen Jesu übliches Geschehen.

Der Gastgeber, ein Pharisäer mit dem Namen Simon, hatte Jesus zum Mahl eingeladen. Er betrachtete den Vorgang der Salbung skeptisch und kritisch, weil Jesus nicht zu bemerken schien, daß die Frau, die seine Füße salbte, eine Sünderin war. Daraufhin vergleicht Jesus, im weiteren Gepräch mit dem Pharisäer, dessen Versäumnisse als Gastgeber mit dem liebevollen Verhalten der verachteten Frau (Lk. 7, 44ff.). *Ich bin in dein Haus gekommen; du hast mir kein Wasser für meine Füße gegeben, du hast mir keinen Kuß gegeben, du hast mein Haupt nicht mit Öl gesalbt.* Man könnte hinzufügen: so wie es häufig geschah, daß die Frauen den ins Haus eingeladenen Rabbis als besonders zu ehrenden Gästen das Haupt mit Öl salbten. Das alles hatte der Pharisäer versäumt, während die «Sünderin» die Füße Jesu mit Tränen genetzt und mit ihren Haaren getrocknet, seine Füße geküßt und sie mit Salbe gesalbt hatte.

Warum geschah das damals alles? Warum wurden Priester, Könige und Sterbende gesalbt? Warum nennt man Jesus den Gesalbten, den «Christos», den Messias? Eine konkrete Antwort gibt Johannes mit dem harmlos scheinenden Satz: *Der Geruch der Salbe erfüllte das ganze Haus.*

Damit ist zunächst, wie in einer Nebenbemerkung, etwas über die Natur des verduftenden Öls ausgesagt, die sich bekanntermaßen besonders deutlich bei ätherischen Ölen zeigt. Dann aber auch über die spezifische, lockernde Wirkung der damals verwendeten Salbengemische auf den Menschen. Durch die Salbung sollte um den Gesalbten herum eine Art «Aura» entstehen, in die er sich mit wachem Bewußtsein wie in einen Raum um den eigenen «Innenraum» herum ausdehnen konnte. Eine Art «Vorraum», zu dem nicht nur der Gesalbte selber «von innen», sondern auch andere geistige Wesen «von außen» Zutritt haben sollten. Die Krone der Könige und die Mithra der Bischöfe waren dafür nur ein äußeres Bild.

Bei der Salbung Davids durch Samuel heißt es: *Da nahm Samuel das Ölhorn und salbte ihn mitten unter seinen Brüdern. Und der Geist des Herrn geriet über David von den Tagen an und fürder* (1. Sam. 16, 13). Damit war David ein «Gesalbter» geworden, ein Messias – zwar ein bei allem menschlichen Versagen immer wieder um die Nähe Gottes Bemühter. Aber, das zeigte sich an seinem Leben, er war nicht der Messias, der «Christos», wie es im Griechischen heißt, der erwartet und erhofft wurde.

Auch der bibelkundige Hans Memling hat die unguten Seiten Davids gekannt und mit der aus dem Bade steigenden Bathseba dargestellt, der Frau des Uria, die David ihm mit böser List wegnahm (Dirk de Vos, S. 272f.).

Lauenstein hat in seinem Buch «Der Messias» über das Leben Davids und über eine Reihe ungemein bewegender Königsschicksale, wie die des Josaphat, des Hiskia und einiger anderer, geschrieben. Schicksale, die sich auf dem Wege der Jahrhunderte zu Jesus Christus hin abspielten. Sie alle haben ihre «Begegnungen im Vorraum» gehabt, wie Hans Erich Nossack eine seiner kurzen Erzählungen betitelt, in der es um ein rätselvolles Zusammentreffen zweier Menschen geht, die sich in einem Raum, einem Vorraum, zwischen draußen und drinnen treffen. Bei den von Lauenstein genannten Königen, aber auch bei den Propheten des Alten Testamentes, waren es Begegnungen mit «dem Herrn» oder dem Engel, dem «Wort des Herrn». Keiner aber von diesen Gesalbten hat zusammen mit den ihnen begegnenden geistigen Wesen, vom aurischen Vorraum aus, ins Innere des Hauses eintreten können, ins eigentliche Mencheninnere.

Nur bei einem ist der Herr der Himmel ins Haus eingetreten: bei Jesus. Bei ihm ist er nicht wie bei den anderen Gesalbten im «Vorraum» geblieben, sondern ist in ihm Mensch geworden und hat mit der Taufe im Jordan Jesus zum Christus gemacht, zum Gesalbten des Herrn.

Johannes der Täufer hat bezeugt, daß der Geist auf Jesus herniederstieg, einer Taube gleich, und mit ihm verbunden blieb. *Und ich habe es gesehen*, heißt es bei Johannes, *und so bezeuge ich, daß dieser der Sohn Gottes ist* (Joh. 1, 34).

Das «Et incarnatus est!» Christi jedoch hat sich nach der Taufe im Jordan in Stufen vollzogen und ist schließlich anschaubar geworden im Bilde des auf dem Eselsfüllen Sitzenden, der einzieht in die Stadt und zugleich endgültig in den Leib Jesu, den er mit der nochmaligen Verklärung am Palmsonntag zu seiner Behausung macht, bis hinein ins Gebein, das nicht zerbrochen werden darf.

Doch auch schon die erste Salbung am abendlichen Beginn des Palmsonntags im Hause des Lazarus weist auf einen dem «Et incarnatus est» entgegengesetzten Weg. Einen Weg, wie er auch heute noch durch den Vollzug der «Letzten Ölung» eingeleitet wird. Ein auf diese Weise «Gesalbter» verläßt – um im Bilde zu bleiben – sein Haus, begegnet im «Vorraum» dem, der ihn abholt, Christus, der ihn aus dem Salbungs-Vorraum in die nachtodliche Welt führt.

Von diesem Vorgang spricht Christus, als die Jünger, allen voran Judas, Maria Magdalena tadeln und er daraufhin ihr Handeln als für alle Zeiten sinnvoll lobt. Damit tut sich schon am Palmsonntag zugleich ein zweiter Weg auf, der nicht, wie der erste, bis in den Bereich der Gebeine und des Todes führt, sondern in den Bereich der Trinität hinauf, von dem Anna Katharina Emmerich spricht, und von dort aus am Zustandekommen der Auferstehung wirkt.

Davon soll vor allem bei der Betrachtung von Hans Memlings Darstellung Jesu in der Alleingelassenheit Jesu in der Gethsemane-Nacht die Rede sein.

ZWEITE STATION:

TEMPELREINIGUNG

Die Tempelreinigung findet sich bei Matthäus und Lukas als Ereignis des Palmsonntags, bei Markus des Karmontags und bei Johannes, wie schon erwähnt, bereits am ersten der drei Passah-Feste, zwei Jahre vor dem Todespassah.

Memling stellt den Christus mit erhobener Geißel dar, mit der er die Händler aus dem Tempel treibt, wobei er mit dem Fuß die Bank eines Geldwechslers umstößt, so wie es die Evangelisten berichten. Alle rennen und versuchen sich zu retten, nur einer bleibt wie erstarrt stehen, ein weißer Ziegenbock. Eindeutig ein Ziegenbock, kein Lamm Gottes, das der Welt Sünde trägt, sondern der Bock, der mit der Sündenlast des Volkes Israel beladen in die Wüste gejagt wurde – der «Sündenbock».

Hier zeigt sich Hans Memling als des Alten Testamentes kundig, indem er an die kultischen Verordnungen des Moses im Levitikus anknüpft, die das Austreiben eines Ziegenbocks hin zu Asasel, dem bösen Geist der Wüste, gebieten.

Und wenn er (Aaron) das Versöhnen des Heiligtums und der Stiftshütte und des Altares vollbracht hat, soll er den lebendigen Bock herzubringen. Da soll dann Aaron seine beiden Hände auf sein Haupt legen und bekennen alle Missetat der Kinder Israel, alle ihre

Übertretungen in all ihren Sünden und soll sie dem Bock aufs Haupt legen und ihn durch einen Mann, der dazu bereit ist, in die Wüste laufen lassen, so daß der Bock all ihre Missetat auf sich in die Wüste trage, und so soll er ihn in der Wüste zurücklassen (3. Moses 16, 20–22).

Der Wüstengeist Asasel wird allgemein als ein bocksfüßiger Dämon geschildert, der, zusammen mit dem vertriebenen Ziegenbock, alle Sünden des Volkes Israel in Empfang nimmt. Eine bedrückende Vorstellung, zumal angesichts der Tatsachen des Alten Testaments unübersehbar wird, daß, von Jahr zu Jahr, von Sündenbock zu Sündenbock, die Sündenlast dieses Volkes immer größer wurde.

Vielfach ist auch die Ähnlichkeit zwischen Asasel und Mephistopheles bemerkt worden. Auch der hinkt auf einem Fuß, weil er einen Bocksfuß hat. Goethe hat sowohl den Bocksfuß als auch das Böse und den Vernichtungswillen dieses Menschenwidersachers in seinen Faust übernommen, der, wie im Buche Hiob, mit der Sünde des Menschen vor Gott hintritt, Faust anklagt und ihn gerichtet wissen will.

Ähnlich wie Aaron, der als erster in der Reihe der Hohepriester dem Ziegenbock für Asasel die Sünden Israels auf das Haupt drückte und ihn in die Wüste jagte, versuchte auch Kaiphas, der damalige Hohepriester, als er in Jesus seinen Sündenbock gefunden hatte, ihn nach «draußen» vor das Tor der Heiligen Stadt in den Tod zu schicken. Einer für alle! Wie er es prophetisch hatte aussprechen können: *Es ist besser für uns, daß ein Mensch für das Volk stirbt, als daß das ganze Volk zugrundegeht* (Joh. 11, 50). Damit wurde er, ohne es zu durchschauen, zum Vollstrecker des göttlichen Willens, denn Christus wollte nicht nur an Passah sterben, sondern auch die Sünden der Welt auf sich nehmen.

Anna Katharina Emmerich beschreibt den in der Gethsemane-Nacht betenden Jesus, dem der Widersacher die ganze Sündenlast nicht nur der Israeliten, sondern der ganzen Menschheit vorhält und ihn fragt, ob er das alles auf sich nehmen wolle. Und er bejahte. «Also ganz seiner Menschheit hingegeben, fiel er, in unendlicher Trauer und Angst zu Gott flehend, auf sein Angesicht nieder, und er sah alle Sünden der Welt und ihre innere Scheußlichkeit in unzähligen Bildern und nahm sie alle auf sich und erbot sich in seinem Gebete, der Gerechtigkeit seines himmlischen Vaters, für all diese Schuld genugzutun.»

Das Lamm Gottes nimmt alle Schuld freiwillig auf sich und läßt sich so zum Sündenbock machen. Darum hat Hans Memling einen weißen Sündenbock gemalt.

DRITTE STATION:

VERRAT

DES

JUDAS

Die dritte Station des «Passionspanoramas» ist die Darstellung des Judasverrates in der Stunde der Finsternis. Man sieht Judas zusammen mit den Hohepriestern, die ihm die dreißig Silberlinge zahlten, das «Blutgeld», wie sie es später nannten (Mt. 26, 14–16; Mk. 14, 10–11; Lk. 22, 3–6). Der Raum ist von Fackeln erhellt, wie auch später der Garten Gethsemane, wohin er Jesus und den elf Jüngern mit den Soldaten und den Dienern der Hohepriester gefolgt war, um ihn mit dem Kuß zu verraten (Joh. 18, 28). Auch dieses Geschehen hat Memling gemalt. Und noch ein drittes und ein viertes Mal hat er Judas auf seinem Bild dargestellt. Beim Abendmahl, bei dem Judas dem Herrn gegenübersaß, und dann noch einmal, nicht von Fackelschein beleuchtet, sondern in völliger Finsternis, als er das Haus verläßt und in die Nacht hinausläuft, nachdem er den Bissen aus Jesu Hand empfangen hatte, in der Stunde der Finsternis (Joh. 13, 28).

Als Judas im Laufe der Nacht und des heraufkommenden Tages erkannt hatte, daß alles anders, als von ihm geplant und erwartet, verlief, daß Jesus nämlich wirklich zum Kreuzestod verurteilt wurde, versuchte er, von Reue getrieben, den Hohepriestern das Geld zurückzugeben, um die Kreuzigung noch zu verhindern.

Als sie es selbstverständlich nicht annahmen und ihn voller Verachtung in seine Schuld zurückstießen, «zahlte er das Geld in der ihm möglichen Weise zurück», indem er die Silberlinge in den Tempel warf. Danach erhängte er sich.

Die Hohepriester, die das «Blutgeld» für den Tempelschatz als nicht tauglich ansahen, kauften dafür den sogenannten «Töpferacker», den sie als Begräbnisplatz für die in Jerusalem sterbenden Pilger nutzen wollten (Mt. 27, 7). Damit lenkt das Matthäus-Evangelium den Blick auf die Erlebnisse der Propheten Sacharja und Jeremia und läßt in die Hintergründe des Alten Testamentes blicken (Sach. 11, 12–13; Jer. 32, 6–9). *Wenn ihr wollt*, heißt es bei Sacharja, *so gebet her, was ich euch gelte! Und sie wägten ab, was ich ihnen wert war: Dreißig Silberlinge. Und der Herr sprach zu mir: Trage hin zum Acker des Töpfers, wessen ich wert erachtet wurde! Und ich nahm die dreißig Silberlinge und warf sie in das Haus des Herrn für den Acker des Töpfers.* Jeremia berichtet ähnlich: *Dreißig Silberlinge nahmen sie, das war der Kaufpreis des Verkauften, den sie von den Söhnen Israels gekauft hatten. Und sie gaben sie für den Acker des Töpfers, so hat es mir der Herr gezeigt.*

Als Judas mit den Silberlingen zu den Hohepriestern kam und zu retten suchte, was nicht mehr zu retten war, klagte er sich an, «unschuldiges Blut» verraten zu haben. Damit stand er und die, die Jesus nachfolgten, nicht allein. Auch Pilatus fand keine Schuld an ihm und wollte ihn freilassen. Ähnlich verhielt sich auch Herodes Antipas, zu dem Pilatus Jesus hatte führen lassen. Herodes verkannte den vor ihm schweigenden Jesus, hielt ihn für geistig unbedeutend und ließ ihm, den er schon lange hatte sehen wollen, ein weißes Gewand anziehen und zu Pilatus zurückbringen (Lk. 23, 8–12).

Memling war diese Szene so wichtig, daß er sie seinem «Passionspanorama» eingefügt hat. Jesus, wie in keiner anderen Situation des Bildes, weiß gewandet, vor einem gekrönten König stehend.

Diese drei, Judas, Pilatus und Herodes, hielten Jesus, wenn auch aus sehr unterschiedlichen Gründen, für unschuldig. Auch sie wußten nicht, wie alle anderen auch, daß Jesus an Passah sterben wollte. Was waren die Beweggründe für das Handeln des Judas, des Diebes, der den Beutel hatte, als er die Hohepriester fragte: *Was wollt ihr mir geben, wenn ich ihn euch ausliefere?* und sich ein Angebot machen ließ wie ein Händler (Mt. 26, 25)? Was hatte er von der Lehre, dem Leiden und dem bevorstehenden Tod Christi begriffen, als er sich erhängte?

Man kann annehmen, daß ihm zumindest dämmerte, wenn es ihm nicht sogar bewußt war, was er tat, als er die Silberlinge der Hohepriester in den Tempel warf. Gewiß handelte er aus Verzweiflung, nicht aus Trotz. Dennoch folgte er bewußt-unbewußt dem seit langem bestehenden Muster, das er aus den Büchern des Propheten Sacharja kannte, der, zusammen mit seinen Gefährten, den Rückwanderern aus der Babylonischen Gefangenschaft nach Jerusalem kam und viele der zurückgebliebenen jüdischen Armen in Schuldsklaverei vorfand. Sacharja bezeichnete sie als Schlachtschafe, identifizierte sich mit den Unglücklichen und forderte von den «reichen Hirten» sein: *Wenn ihr wollt, so gebet her, was ich euch gelte!* bis hin zum: *Und ich nahm die dreißig Silberlinge und warf sie in das Haus des Herrn für den Acker des Töpfers.*

«Es war nach Moses Gesetz», so heißt es in Lauensteins Buch «Der Messias», «die Mindestsumme, die man für den Sklaven eines anderen zahlen mußte, den man versehentlich getötet hatte (2. Mos. 21, 32). *Und ich (Sacharja) nahm die dreißig Silberlinge und warf sie in das Haus des Herrn, damit sie dem Töpfer gegeben würden.* Lauenstein fügt dem Sacharja-Zitat hinzu: «Diese Worte wurden irdische Wahrheit, als Judas seinen Herrn verraten hatte.»

Judas, so kann man annehmen, war sicher der im heutigen Sinne modernste Mensch unter den Aposteln, der diesseitigste. Ganz sicher war er nicht wie seine Apostelbrüder Petrus, Jakobus und Johannes geeignet, mit dem Herrn auf den Tabor zu steigen und Moses und Elias im Gespräch mit dem Verklärten zu sehen. Er war unter den Zwölfen, so wie Memling ihn beim Abendmahl gemalt hat, der Gegenpol zu dem Jünger, der an der Brust des Herrn lag. Dennoch kannte auch er die Bilder von Ton und Töpfer von Kindheit an, etwa wie Jesajas es ausgesprochen hat: *Aber nun, Herr, du bist unser Vater, wir sind Ton, du bist unser Töpfer; wir alle sind deiner Hände Werk.* Auch Judas war klar, daß dem Leibe nach alle Menschen, auch Jesus, aus dem Ton des «Töpferackers» gemacht sind, so wie Adam im Paradiese von Gott aus Ackererde (adama) gemacht worden war (1. Mos. 2, 7).

Davor, als Gott das Paradies noch nicht geschaffen hatte, am sechsten Schöpfungstage (1. Mos. 1, 27), empfing der Mensch als letztes der Geschöpfe durch Gottes Wort Gestalt. «Bis hierher», heißt es in Lauensteins Buch «Das Geheimnis des Wals. Melvilles Moby Dick und das Alte Testament», «schuf Gott noch unsichtbar im Reich seiner Gedanken.» Erst danach, im Paradiese, folgt die Erschaffung der Leiblichkeit der für die Erde bestimmten Geschöpfe aus «Erde», aus dem «Ton» des Töpferackers, und zwar als Folge des Sündenfalls, der die Vertreibung aus dem Paradies mit sich brachte, dazu auch den Tod und das *Im Schweiße deines Angesichts sollst du dein Brot essen, bis daß du wieder zu Erde wirst, von der du genommen bist. Denn du bist Erde und sollst wieder zu Erde werden* (1. Mos. 3, 19).

Mit dem Irdisch-Werden geriet der Mensch in den Bereich des «Herrn oder Fürsten dieser Welt». «Der Fürst der Welt», so Lauenstein in «Das Geheimnis des Wals», «ist der Geist der Schwere, Undurchdringlichkeit, auch der stoffbezogenen Intelligenz und der Massenberechnung; [...] er wünscht handfeste Materie, äußere Kraft und unter Menschen unauffällige Macht. [...] Selbstverständlich haben wir mit ihm zu leben, solange wir im Fleische sind. Unsere Gedanken müssen ihn zwar kennen und berücksichtigen; aber sie sollen ihm so wenig wie möglich dienen.»

Judas war dem Herrn dieser Welt verfallen. Er war gewiß *klug wie die Schlangen*, aber nicht *ohne Falsch wie die Tauben* (Mt. 10, 16). Er wußte nicht nur, wie teuer die Salbe in Maria Magdalenas Alabastergefäß war, sondern kannte sich als der «Einkäufer» des Jüngerkreises selbstverständlich auf dem Basar von Jerusalem aus und wußte, wo er günstig einkaufen konnte. Die anderen Jünger überließen ihm gern sein Amt und den Beutel. Sie hatten andere Interessen und Ziele. Judas sorgte indes für alle und für alles. Das geht aus der Vermutung der Jünger hervor, daß Jesus mit den Worten *Was du tun willst, das tue bald!* am Ende des Abendmahls Judas den Auftrag habe erteilen wollen, noch für das Fest einzukaufen oder den Armen etwas zu geben (Joh. 13, 27). Auch aus der Frage Jesu: *Wo sollen wir Brot kaufen, daß diese zu essen haben?* (Joh. 6, 6) geht hervor, daß üblicherweise das zum Leben nötige Brot für Geld gekauft wurde und daß auch Jesus selbstverständlich von diesem Brote aß, das aus Erde gemacht war. Gewöhnliches Gersten- oder Weizenbrot, kein vom Himmel gefallenes und in der Frühe aufgesammeltes Manna.

Ohne Zweifel kannte Judas die Berichte von der Wüstenwanderung seines Volkes und die darin enthaltene wunderbare Geschichte des Ernährtwerdens durch das Manna von oben. Wahrscheinlich konnte ein Mensch wie er das nur für bildhafte Wundergeschichten halten. Ebenso hat auch er gewußt, daß Christus sich selbst als *das Brot des Lebens* bezeichnet hatte (Joh. 6, 48), und erinnerte auch das damit verbundene *Amen, Amen, ich sage euch, wenn ihr nicht den Leib des Menschensohnes essen und sein Blut trinken werdet, habt ihr kein Leben in euch. Wer meinen Leib ißt und mein Blut trinkt, der hat ewiges Leben, und am jüngsten Tage lasse ich ihn auferstehen* (Joh. 6, 53–54).

Diese Verkündigung Christi über den Leib und das Blut des Menschensohnes in der Synagoge zu Kapernaum führte zu einer Spaltung auch des Jüngerkreises. *Von da an zogen sich viele seiner Jünger von ihm zurück und folgten ihm nicht mehr nach.* Da sprach Jesus zu den Zwölfen: Wollt auch ihr mich verlassen? Da antwortete Simon Petrus: *Herr, wohin sollen wir gehen? Du hast Worte des ewigen Lebens. Und wir haben geglaubt und erkannt, daß du der Christus bist, der Sohn des lebendigen Gottes. Jesus antwortete ihnen: Habe ich euch nicht als Zwölf erwählt? Und einer von euch ist ein Teufel! Er sprach aber von Judas, dem Sohn des Simon Iskariot; dieser, einer aus den Zwölfen, wollte ihn überantworten* (Joh. 6, 67–71). So schließt das 6. Kapitel des Johannes-Evangeliums, das die Kommunion mit Christi Leib und Blut vorverkündet, die mit dem Abendmahl, *in der Nacht, da er verraten ward,* ihren Anfang nahm. Als Judas dabei Leib und Blut Christi empfangen hatte, dazu auch den von Jesus eingetauchten Bissen, fuhr der Satan in ihn hinein. Er hatte wie die anderen Jünger von dem aus Erde gemachten Brot gegessen, das sich beim «Brotbrechen» in den Händen Jesu in Christi Leib gewandelt hatte.

Damit fing Christus an, in den irdischen Bereich einzudringen und den Herrn dieser Welt daraus zu vertreiben. Mit ihm vertrieb er auch Judas, den er in den

Kreis der Zwölf aufgenommen hatte, damit er ihn verriete und somit den Weg zum Kreuz öffnete, aber auch in die Hölle und schließlich, nach dreien Tagen, auch in das «Land Galiläa», das Osterland.

Ohne Judas gäbe es keinen Kreuzestod, keine Grablegung und keine Auferstehung – kein «heiliges Triduum».

VIERTE STATION:

ABENDMAHL

Auf Hans Memlings Darstellung des heiligen Abendmahles sind nur acht der zwölf daran beteiligten Jünger zu sehen. Augenscheinlich sind vier von ihnen durch die rechte Wand des Hauses, in dem das Mahl stattfindet, verdeckt. Daran wird deutlich, daß er nicht ein Abendmahlsbild im Sinne Leonardo da Vincis mit allen zwölf Jüngern malen wollte, sondern nur einen Ausschnitt des Mahles auf einer Passionstafel, auf der Leiden, Sterben, Grablegung und Auferstehung dargestellt werden sollten.

Es handelte sich um die Ausführung einer Auftragsarbeit, einer Stiftung, auf der, wie gesagt, sowohl der Stifter als auch seine Frau auf dem Bild bei allen Geschehnissen mit dabei sein sollten. So findet der Betrachter auf Memlings Bild auch eine Darstellung des Abendmahls, bei dem er sie darauf hinwies, daß einer von ihnen ihn verraten würde.

Diesen Augenblick, diesen kleinen «Ausschnitt» aus dem ganzen Abendmahlsgeschehen malt Hans Memling. Jenen Augenblick, in dem Petrus den Jünger, der an der Brust des Herrn lag, die Frage stellen ließ: *Herr, wer ist's, der dich verrät?* (Joh. 13, 26), in dem Jesus den Bissen, den er eingetaucht hatte, über den Tisch hinweg dem Judas reichte. Der Augenblick, in dem die Entscheidung für alles nun Folgende fiel.

Judas sitzt im Vordergrund, halb vom Betrachter abgewendet. Für die am Tisch Sitzenden nicht sichtbar, hält er mit der linken Hand den Beutel mit den Silberlingen hinter seinem Rücken verborgen. Dabei läßt er sich von Jesus, der mit Petrus und Johannes auf der anderen Seite des Tisches sitzt, den Bissen in den Mund legen wie eine Hostie bei der Kommunion. Davor hatte Judas mit den anderen Jüngern, wie Lukas es darstellt, nach den Einsetzungsworten, mit Brot und Wein Leib und Blut Christi empfangen. Auch ihm waren, wie den anderen, die Füße gewaschen worden, und nun wurde ihm vom Herrn selber der Bissen gereicht, der ihn als Verräter kennzeichnete und den Satan in ihn fahren ließ.

Gewiß kann man angesichts dessen, was Judas zu tun beabsichtigte, im Sinne des Paulus von einer «unwürdigen Kommunion» sprechen. Im 1. Korintherbrief heißt es: *Der Mensch aber prüfe sich selbst und erst dann esse er von diesem Brot und trinke aus diesem Kelch. Denn wer in unwürdiger Weise davon ißt und trinkt, zieht mit diesem Essen und Trinken das Gerichtetwerden auf sich* (1. Kor. 11, 28–29).

Wie aber, kann man sich fragen, stand es mit dem «Würdigsein» der anderen Jünger? Hat Jesus auch nur einen von ihnen für «würdig» halten können, als er ihnen beim Mahl seinen Leib und sein Blut gab? Doch sicher nicht! *Denn er kannte sie alle*, so heißt es bei Johannes, u*nd bedurfte nicht, daß jemand ihm Zeugnis gebe von einem Menschen; denn er wußte wohl, was im Menschen war* (Joh. 2, 24–25). Das galt ohne Zweifel auch für alle zwölf Jünger beim Abendmahl. Denn auch da wird das Verhalten Jesu nur verstehbar, wenn man voraussetzt, daß er nicht nur die Schwächen und das Böse in den Einzelnen genau kannte, sondern auch das Gute und ihr ehrliches Bemühen, so daß er bereit war, sie voller Nachsicht gnadenvoll bei sich aufzunehmen.

Während des Abendmahls und noch danach machte Petrus große Worte und fand auch nicht zu sich, als Jesus zu ihm sagte *Simon, Simon, siehe, der Satan hat euer begehrt, daß er euch durch das Sieb schütten möge wie den Weizen. Ich habe für dich gebetet, daß dein Glaube nicht aufhören möge. Und wenn du dich einmal bekehrt haben wirst, dann stärke deine Brüder.* Der Petrus, der diese Worte hört, ist es, der auf Memlings Bild, zusammen mit dem Lieblingsjünger, Judas gegenübersitzt, sich noch stark fühlte und antwortete, er sei bereit, mit dem Herrn ins Gefängnis zu gehen und in den Tod.

Judas indes geht hinaus, ohne etwas zu sagen, seiner Sache nicht weniger sicher als Petrus.

FÜNFTE STATION: CHRISTUS IN GETHSEMANE

Als sie den Lobgesang, die Psalmen gesungen hatten, in denen die bereits österlichen Worte erklingen: *Dies ist der Tag, den der Herr gemacht hat. Laßt uns freuen und fröhlich darin sein! O Herr, hilf! O Herr, laß wohl gelingen! Gelobt sei, der da kommt im Namen des Herrn!* (Ps. 115–118), gingen sie hinaus an den Ölberg. Und Jesus sprach zu ihnen: *Ihr werdet euch in dieser Nacht alle an mir ärgern, denn es steht geschrieben: Ich werde den Hirten schlagen und die Schafe werden sich zerstreuen. Wenn ich aber auferstehe, will ich euch vorangehen nach Galiläa.* So steht es bei Matthäus und Markus.

Die Jünger, allen voran Simon Petrus, beteuerten daraufhin, daß sie sich gewiß nicht an ihm ärgern wollten, daß sie vielmehr bereit seien, alles mit ihm zu erleiden und mit ihm zu sterben. Den dann folgenden Satz Jesu: *Wenn ich aber auferstehe, will ich euch vorangehen nach Galiläa,* beachteten sie nicht, weil sie ihn nicht verstanden.

Die Antwort Jesu, *der wußte, was im Menschen war,* richtete sich an Petrus und begann, nach Matthäus und Markus, betont mit einem *Amen, amen, ich sage dir, in dieser Nacht, ehe der Hahn kräht, wirst du mich dreimal verleugnen!* Wiederum widersprach Petrus und gelobte seine Treue bis zum Tode.

So überquerten sie den Bach Kidron und betraten den Garten Gethsemane am Ölberg, wo Jesus acht seiner Jünger zurückließ, die drei anderen mit sich nahm und dann noch, *einen Steinwurf weit* von allen entfernt, anfing zu beten. Die drei ließen sich nieder, während er niederkniete, um seinen Vater anzurufen. Das hat Hans Memling gemalt. Jesus knieend im dunklen Gewand, die Hände im Gebetsgestus etwas erhoben. Davor die drei eingeschlafenen Jünger. Alle vier in einem sich vom übrigen Bild deutlich abgrenzenden dunklen Bereich. Petrus im roten Unter- und blauen Obergewand, mit seiner linken Hand hält er auch im Schlaf sein Schwert fest. Johannes ganz in Rot, woran man ihn überall auf dem Bild sogleich erkennt. Neben den beiden dann Jakobus in malvenfarbenem Untergewand und einem auffälligen weißen Obergewand, in dem man ihn auch neben Petrus am Abendmahlstisch sitzen sieht. Hier wird eine symbolhafte Farbordnung der Gewandung erkennbar, die Memling auch auf seinen anderen Bildern verwendet, so daß verständlich wird, daß Dirk de Vos den auf dem Greverade-Altar dargestellten nackt fliehenden Jüngling des Markus-Evangeliums (Mk. 14, 51–52), dem sein weißleinenes Gewand abgerissen worden war, mit Jakobus verwechselt hat.

Als Jesus sich mit den drei ausgewählten Jüngern von den anderen entfernt hatte, begann er, so heißt es bei Matthäus, zu trauern und zu zagen. In Angst und Verlassenheit bat er seinen Vater: *ist's möglich, dann gehe dieser Kelch an mir vorüber. Doch nicht wie ich will, sondern wie du willst!* Danach ging er zu den Jüngern, fand sie schlafend und suchte sie zu wecken. Dieser Vorgang des Betens zum Vater und des erneuten Versuchs, die Jünger aus ihrem Schlaf zu rufen, wiederholte sich nach Matthäus dreimal. Danach kam Judas mit den Soldaten in den Garten.

Auf dem Greverade-Altar stellt Memling den betenden Jesus mit einem Kelch in den Händen dar, den er zum Vater erhebt. Er malt damit das im Alten Testament immer wieder auftretende Symbol des Kelches oder Trinkbechers, ein Trinkgefäß, das sehr viel Verschiedenes enthalten kann, aber immer, wenn es einem gereicht wird, geleert werden muß. So ist im Alten Testament sowohl vom Kelch des Segens, den Gott reicht, die Rede, als auch vom Kelch des göttlichen

Zornes – vom Kelch des Heiles als auch des Unheiles. Den gereichten Kelch zu leeren, hieß das verdiente Geschick zu erfüllen, sowohl das von Gott zugedachte als auch das selbstverschuldete. So mußte, weil es der Wille des Vaters war, Jesus «seinen Kelch austrinken», sein Geschick auf sich nehmen, nicht ein von ihm, sondern ein von ausnahmslos allen Menschen seit dem Sündenfall verschuldetes Geschick.

Davon hat Anna Katharina Emmerich aus ihrer Schau der Gethsemane-Stunden gesprochen: «Ich fühlte deutlich», sagte sie, «daß Jesus, sich seinem bevorstehenden Leiden hingebend und sich der göttlichen Gerechtigkeit zur Genugtuung für die Sünden der Welt aufopfernd, gewissermaßen seine Gottheit mehr in die Heilige Dreifaltigkeit zurückzog, um sich aus unendlicher Liebe, in seiner reinsten, fühlendsten, wahrhaftigsten, unschuldigen Menschheit, bloß mit der Liebe seines menschlichen Herzens gerüstet, der Wut aller Angst und Leiden hinzugeben für die Sünden der Welt.» Ein Vorgang, der sich im Verlauf der heiligen drei Tage vollziehen mußte. Der Vorgang des Sterblich-Werdens Christi, die notwendige Voraussetzung, um in den Bereich des Todes eintreten und sterben zu können, um ihn zu überwinden. Lukas beschreibt dieses Sterblich-Werden, das Eintreten in den Gewaltbereich des Todes besonders deutlich. In der Luther-Übersetzung heißt es: *Und es kam, daß er mit dem Tode rang und betete heftiger. Es ward aber sein Schweiß wie Blutstropfen, die fielen auf die Erde.* Der Todeskampf setzte schon jetzt ein, als Jesus, um sterblich zu werden, «seine Gottheit in die Heilige Dreifaltigkeit zurückzog». Davor hatte er Angst, nicht vor dem Tode! Denn es war ja sein Ziel, an Passah zu sterben. Doch nicht im Garten Gethsemane, auf der Erde liegend, sondern, zwischen Himmel und Erde, auf der Schädelstätte, auf Golgatha, am Kreuze hängend. Erst dann, wenn er in der neunten Stunde des Karfreitags zu Recht sagen konnte: «Es ist vollbracht!» Darum erschien im Garten Gethsemane, wie Lukas berichtet, der Engel, um ihn zu stärken, weil die drei Jünger versagten. Sie schliefen, obwohl er sie dreimal weckte und sie zu beten bat, damit sie durch ihr Gebet die Tür zu der Welt offenhielten, aus der, weil sie versagten, der stärkende Engel geschickt werden mußte.

SECHSTE STATION:

JUDASKUSS /

GEFANGENNAHME

Hans Memling hat die Gefangennahme Jesu so dargestellt, als finde sie an einem Ort statt, zu dem Jesus erst aus dem Garten Gethsemane heraustreten mußte, um Judas und der Kohorte begegnen zu können, die mit Fackeln und Lampen aus der Stadt herausmarschiert kamen, um ihn zu ergreifen.

Auf Memlings Bild sieht man, wie Judas auf seinen Herrn zutritt und ihn küßt, wobei Jesus nicht den «Judaskuß» abwehrt, sondern mit seiner rechten Hand versucht, Petrus daran zu hindern, mit dem Schwert dreinzuschlagen. Das gelang ihm nicht, und so schlug Petrus, wie Lukas und Johannes berichten, dem Diener des Hohepriesters das rechte Ohr ab. Jesus wies Petrus zurecht. Nach Johannes fragte er ihn: *Soll ich den Kelch nicht trinken, den mir der Vater gegeben hat?* Damit taucht auch bei Johannes der Kelch als Zeichen für das Geschick auf, das Jesus als der Sohn des Menschen erfüllen sollte und wollte (Joh. 18, 11).

Noch vor dem Herankommen des Judas hatte Jesus, nach Matthäus und Markus, die Jünger auf seine bevorstehende Auslieferung mit den Worten hingewiesen: *Es ist genug, die Stunde ist gekommen: Siehe, der Menschensohn wird überantwortet in die Hände der Sünder* (Mk. 14, 41). Damit versuchte Jesus, ihnen das Geschehen zu erklären, dessen Zeugen sie werden sollten. Zeugen nämlich eines gottgewollten einmaligen Ereignisses, durch das der Sohn des Menschen sich ergreifbar und mitteilbar machte, ähnlich wie schon durch die Spendung der Kommunion beim Abendmahl. Damit trat er heraus aus dem göttlichen Bereich des Gartens, um Judas und der Kohorte zu begegnen und die Frage zu stellen: *Wen sucht ihr?* In diesem Augenblick kann Judas herantreten und seine Tat von historischer Bedeutung vollbringen.

Bei Lukas gibt es diesen Hinweis, *die Stunde ist gekommen*, vorweg nicht. Er schildert gleich, wie Judas auf Jesus zutrat, um ihn zu küssen, und daß er von ihm gefragt wurde: *Judas, verrätst du den Menschensohn mit einem Kuß?*

Verstand Judas die so formulierte Frage Jesu? War ihm klar, was damit gesagt war? Leichter für ihn wäre es sicher, die Frage zu beantworten, die Matthäus stellt: *Freund, wozu bist du gekommen?* Darauf hätte Judas antworten können: «Das weißt du doch, Rabbi!» Hatte Jesus ihm doch beim Abendmahl den Bissen eingetaucht, ihm gegeben und dazu gesagt: *Was du tun willst, das tue bald!* Und gerade das hatte er nun getan. Er trat auf Jesus zu und begrüßte ihn betont freundschaftlich und verehrend mit *Heil sei dir, Rabbi!*, umarmte und küßte ihn.

Bezeichnend für diese Judasbegrüßung ist, daß sich das hier bei Matthäus verwendete griechische Wort für Küssen, «kataphileo», besser mit «abküssen» oder «zärtlich küssen» oder gar «heftig küssen» übersetzen läßt, als nur einfach mit «küssen», für das im Griechischen «phileo» steht. Auch verwendet es Matthäus einen Vers davor, wo es heißt: *Und der Verräter hatte ihnen ein Zeichen gegeben und gesagt: Welchen ich küssen werde, der ist's, den greift.* An dieser Stelle ist mit Küssen nur das verabredete Zeichen gemeint, das Jesus für die Leute der Hohepriester kenntlich machen sollte, nicht das liebevolle Küssen, mit dem Judas seinen Herrn begrüßt hat. Sicher liebte er Jesus und meinte nun dessen Ziel, das Hervortreten des Messias in die Welt, erreicht zu haben, wodurch das neue Zeitalter Israels anbrechen und Jesus die Macht ergreifen konnte. Das geschah zwar, jedoch nicht so, wie Judas es sich vorgestellt hatte.

Bei Markus gibt es kein *Heil sei dir, Rabbi!,* wie sich das *Gegrüßet seiest du, Rabbi!* treffender übersetzen läßt, sondern nur ein einfaches *Rabbi!* Bei Lukas und Johannes erfolgt keine begrüßende Anrede des Judas, bei Johannes gibt es nicht einmal einen Kuß und darum auch keine Frage Jesu, warum er den Menschensohn in die Hände der Sünder ausliefere. Da heißt es lediglich: *Und Judas, der ihn verriet, stand auch bei ihnen* (Joh. 18, 5).

Er stand, nach dem, was Johannes von dieser Stunde berichtet, bereits «völlig daneben». Er wurde nicht mehr gebraucht. Was sich von da an vor seinen Augen abspielte, geschah «ohne ihn». Er verfolgte nun nur noch, wahrscheinlich voller Spannung, den Prozeßverlauf bis hin zum Todesurteil. Bei Johannes folgt kein Wort mehr über Judas, kein Wort davon, daß er sich in seiner Verzweiflung erhängte, nachdem er die dreißig Silberlinge in den Tempel geworfen hatte. Nur die Tatsache bleibt bestehen, daß der Satan in ihn fuhr, nachdem er den Bissen mit dem gleichen Mund aus Jesu Hand empfangen hatte, mit dem er ihn dann, nur wenig später, liebevoll küßte.

War der Judaskuß zugleich ein Satanskuß? Benutzte der Satan, ein finsterer Geist ohne Körper, den Menschen Judas, ein physisches Wesen mit Mund und Atem, um den gleichfalls atmenden Menschensohn in sein Reich herunterzuziehen? Benutzte er den «Kuß-Atem» des «Überantworters» Judas, um Jesus, den Menschensohn, mit dem Atem des Bösen anzuhauchen, wie der Auferstandene am Abend des Ostersonntags seine Jünger mit dem Atem des Heiligen Geistes anhauchte, um so den Geist Gottes auf sie zu übertragen? Trat der Menschensohn, *der nun alles wußte, was geschehen sollte,* bewußt aber unangreifbar in den Verwesungsatem des Bösen ein, um den Satan, den «Fürsten dieser Welt», und den Tod besiegen zu können?

Für Judas muß das von ihm eingeleitete Geschehen eine bedrückende Enttäuschung gewesen sein. Der von ihm erwartete Messias war in seinen Augen schließlich doch nur zu *unschuldig Blut* geworden, das er verraten hatte, und er selber zu einem nur noch von allen verachteter Verräter, der sich gestehen mußte, nie verstanden zu haben, was Jesus über den «Sohn des Menschen» gesagt hatte.

Immer wieder hatte er, zusammen mit den anderen Jüngern, diesen Namen aus Jesu Mund gehört. Was dachte er, was dachten die anderen dabei? Was verbanden die Zwölf mit diesem Namen?

Ganz sicher war ihnen der Sohn des Menschen als himmlische Geistgestalt bekannt, etwa aus Daniels Schriften: *Da kam in den Wolken des Himmels einer wie ein Menschensohn und kam heran bis zum Alten der Tage und wurde vor sein Angesicht gebracht. Und ihm wurde Herrschaft, Würde und Reich gegeben, und alle Völker, Nationen und Sprachen sollten ihm dienen. Seine Vollmacht ist eine ewige Vollmacht, die nicht vorübergeht und sein Reich wird nicht untergehen* (Dan. 7, 14). Diese Vision des Propheten Daniel, vor Jahrhunderten geschaut, wurde für die Jünger Gegenwart, wenn Jesus davon sprach, daß die Menschen dereinst den Menschensohn in den Wolken des Himmels sehen würden, kommend mit seinen Engeln. Wen anders als ihren Lehrer und Herrn sollten sie in diesem Kommenden sehen, als den, den Daniel vor Zeiten am Thron des Alten der Tage gesehen hatte? Für sie war er bereits gekommen und war dabei, sich zu offenbaren. Das verstanden alle zwölf, wenn auch jeder auf eine andere Weise.

So sahen sie in ihm den Sohn des Vaters, den Gottessohn, der aus den höchsten Höhen in die Welt gekommen war, den Logos, der alle Dinge erschaffen hatte und selber Fleisch geworden war; so erblickten sie in ihm den erwarteten Messias, den gesalbten Kyrios, der nun dabei war, als Menschensohn mit ihnen sein Reich aufzurichten, das nie untergehen würde, zumal keiner solche Zeichentaten vollbringen konnte wie er.

Daß sein Reich nicht von «dieser Welt» sein würde, verstanden sie erst zu Pfingsten, als der Geist Gottes sie erleuchtete. Alle, außer dem einen, Judas, der sich erhängt hatte. Ohne den allerdings Ostern und Pfingsten nicht zustande gekommen wären.

Sich einen leidenden und sterbenden Erlöser vorzustellen, war ihnen allen vor Pfingsten nicht möglich, und was er mit Auferstehung meinte, war ihnen ein Rätsel. Mit dem Sohn der Maria, dem im Leibe erschienenen, sterblichen Menschensohn kamen sie nicht zurecht. Sie verstanden ihn nicht. Dennoch waren sie bereit, ihr Leben für ihn einzusetzen. Judas mit dem Kuß, Petrus mit dem Schwert.

Gerade das ist auf Memlings Bild unübersehbar. Sie alle waren ihm nachgefolgt, über den Kidronbach hinweg in den Garten am Ölberg. Sicher nicht ohne Furcht. Dennoch gingen sie mit und bekannten sich zu ihm, ähnlich wie sie ihm ohne Widerspruch gefolgt waren, als sie bemerkten, daß er, gegen jede Vernunft, zum Passah nach Jerusalem hinaufzog. *Sie waren aber auf dem Wege hinauf nach Jerusalem,* heißt es bei Markus (Mk. 10, 32). *Und Jesus zog ihnen stetig voraus und sie entsetzten sich und die anderen folgten ihm mit Angst.* Nicht anders als vor der Passah-Woche, vielmehr ins Übermaß gesteigert, war es auch in dieser Nacht. Er verhielt sich in allem völlig anders, als sie als selbstverständlich angenommen hatten. Darum verstanden sie ihn nicht. Sie verließen ihn im Grunde ratlos, weil sie sich von ihm verlassen fühlten.

Wie denn sollte Petrus Jesu Verhalten ihm gegenüber begreifen können, als er streng zurückgewiesen, ja verurteilt wurde, weil er für ihn das Schwert ergriffen hatte? Und wie sollte der auf seine Weise gutwillige Judas, der daneben stand, Jesu Worte von den Engellegionen verstehen, die selbstverständlich zu Hilfe kommen würden, wenn er den Vater darum bäte? Wie sollten die beiden begreifen, daß sich die Schriften nur dann erfüllen würden, wenn er den Vater nicht um Hilfe bat?

Trotz allem Nicht-verstehen-Können, das ist das Großartige, versuchten sie zu ihm zu stehen, auch wenn sie nicht begreifen konnten, was der ihnen so rätselvoll gewordene Menschensohn zu tun im Begriff war.

So blieb insbesondere Petrus seinem Herrn – und sich treu. Er folgte ihm, als die Kohorte Jesus gefesselt zum Palast des Hohepriesters führte.

SIEBTE STATION: VERLEUGNUNG DES PETRUS

Petrus aber folgte von ferne, heißt es bei Lukas. Johannes berichtet davon, daß Simon Petrus zusammen mit einem anderen Jünger, der mit dem Hohepriester bekannt war, Jesus folgte und für Petrus die Erlaubnis erwirkt hatte, mit in den Hof des Palastes eintreten zu dürfen. *Da zündeten sie ein Feuer an, mitten im Hof, und setzten sich zusammen und Petrus setzte sich unter sie* (Lk. 22, 55). Und nun erfüllte sich, was Jesus vorausgesagt hatte, daß Petrus ihn in dieser Nacht dreimal verleugnen werde. Es geschah, ohne daß Petrus fähig war, zu bemerken, was er tat. *Und sogleich, während er noch redete, krähte der Hahn. Und der Herr sah Petrus an* (Lk. 22, 60f.).

Dieser Augenblick, in dem Petrus sich dessen bewußt wurde, was er getan hatte, muß der furchtbarste seines Lebens gewesen sein. Hans Memling hat diesen Augenblick als die siebte Station auf dem Weg durch die Passion Christi in seinem Bild festgehalten. Einen Petrus, der wie ein Ertrinkender aussieht, vor einer Tür stehend, über der, in steinernen Nischen, die Figuren der Ursünder, Adam und Eva, zu sehen sind. Zwischen ihnen kräht ein Hahn. *Und Petrus ging hinaus und weinte bitterlich* (Lk. 22, 62). Für Petrus wiederholte sich, was sich auch mit Adam und Eva zugetragen hatte, als sie aus dem Paradies vertrieben wurden. Denn so, wie Petrus sich durchschaut fühlte, als der Herr sich umwandte und ihn anblickte, so hatten sich auch Adam und Eva erkannt gefühlt, als Gott im Paradies nach Adam rief: *Wo bist du?* (1. Mose 3, 9) Hatten sie doch die verbotene Frucht vom Baum der Erkenntnis gegessen, jenen Apfel, den Memlings graue steinerne Statuen in der Hand halten.

So stellt Memling in der siebten Station seines «Passionspanoramas» zwei Szenen übereinander. Mit der oberen, einer Grisaille vergleichbar, wie sie auf den Außenflügeln der damaligen mehrteiligen Altäre üblich waren, stellt er dar, wie das Bildgeschehen darunter zu sehen und zu verstehen ist. Er setzt Urbild und Abbild zueinander in Beziehung und macht dadurch das «Hinausgehen» Petri als eine Vertreibung aus dem Paradies verstehbar.

Danach ist die Gestalt des Petrus auf dem «Passionspanorama» zunächst nicht mehr zu sehen. Erst nach Christi Leiden, Sterben und Auferstehen, erst im Osterbereich von Galiläa, am See Genezareth, erscheint Petrus auf dem Bild noch einmal, als er nämlich bekleidet ins Wasser springt, um zu dem am Ufer stehenden Auferstandenen zu gelangen (Joh. 21, 7). Bis dahin war für ihn schon sehr vieles geschehen, was Memling nicht gemalt hat. Er war inzwischen, wie die Evangelien es schildern, dem Auferstandenen begegnet, der ihm Vergebung und Trost gespendet hatte.

ZWISCHEN DER SECHSTEN UND ACHTEN STATION:

CHRISTUS

VOR

HANNAS,

KAIPHAS

UND

DEM

SYNEDRIUM

Der verzweifelte Petrus unter dem krähenden Hahn ruft im Betrachter des Bildes eine ganze Reihe vorangegangener nächtlicher Geschehnisse in Erinnerung, die sich zwischen der Gefangennahme Jesu im Garten Gethsemane und der Szene vor dem thronenden Pilatus abgespielt haben. Memling hat sie nicht gemalt, setzt sie aber als bekannt voraus.

Nach seiner Gefangennahme führte die Kohorte mit ihrem Hauptmann Jesus zunächst zu Hannas, dem Schwiegervater des amtierenden Hohepriester Kaiphas. Nach der Prozeßvorschrift, darauf macht Ethelbert Stauffer in «Jesus, Gestalt und Geschichte» aufmerksam, mußte ein Irrlehrer vor seinem Prozeß von zwei Vorinstanzen verhört werden. Im Prozeß Jesu gab es nur eine Instanz, Hannas. Er fragte Jesus nach seiner Lehre, um die es letztendlich gar nicht ging, um eine Geheimlehre etwa, wie es sie unter den verschiedenen religiösen Gruppierungen unter den Juden damals gab. Jesus wies nach, daß er nie im geheimen, sondern nur in aller Öffentlichkeit gelehrt habe, wobei deutlich wurde, daß er die Hohepriester als geistige Instanz nicht anerkannte, wie viele der damals lebenden Juden auch nicht. Die Essäer etwa, die den Tempel nicht betraten, weil sie die Söhne

Zadoks, die Saduzäer, nicht als rechtmäßige Hüter des Heiligtums anerkannten. Daraufhin schlug einer der Diener des Hannas Jesus ins Gesicht, was Jesus ihm als Unrecht nachwies. Damit war das Verhör der Vorinstanz als gescheitert anzusehen (Joh. 18, 23). Darum schickte Hannas Jesus gebunden zum Hohepriester Kaiphas. Auch hier führte die Verhandlung zunächst zu nichts, weil die Zeugenaussagen einander widersprachen. *Jesus schwieg,* heißt es bei Matthäus (Mt. 26, 59).

In das entscheidende Stadium trat der Prozeß erst ein, nachdem das Synedrium sich versammelt hatte. Dabei ist wichtig zu sehen, daß es damals zwei waren, die die gleiche Entscheidung herbeiführen wollten, Christus und Kaiphas.

Stauffer beschreibt eindrucksvoll, wie Kaiphas aufstand und sich vor dem Angeklagten aufbaute, um ihn einzuschüchtern, woraufhin alle Anwesenden auch aufzustehen hatten. Dabei stellte er die entscheidende Frage: *Bist du der Messias, der Sohn des Hochgelobten?* (Mk. 14, 61–62)

Die Antwort Christi darauf war das wichtigste Wort des ganzen Tages: *Ani hu!* Für Kaiphas war das der des Todes würdige Ausspruch, für Christus war es das Wort, mit dem er sich als Gott zu erkennen gab. Das *Ani hu*, das *Ich bin es!,* das Christus vor dem Synedrium aussprach, bezeichnet Stauffer als eine «Theophanieformel», die im jüdischen Kultus zuhause war, ein Wort, durch das sich Gott den Menschen zu erkennen gibt. «Die kühnste Selbstaussage Jesu ‹Ich bin es›», schreibt er, «das bedeutet ‹Wo ich bin, da ist Gott, da lebt, da spricht, da ruft, da fragt, da handelt, da entscheidet, da liebt, da erwählt, da vergibt, da verwirft, da verstockt, da leidet, da stirbt Gott›.» Und man muß hinzufügen: Da aufersteht Gott.

Für Kaiphas ist diese Selbstaussage der willkommene Grund, Jesus ans Kreuz und damit in den Tod zu bringen. Für Christus ist es das Wort, mit dem er seine Feinde auffordert, ihn an sein selbstgesetztes Ziel, an das Kreuz zu bringen, um den Tod erleiden und überwinden zu können. Auch Kaiphas gehört letztlich zu denen, die nicht wußten, was sie taten. Immerhin waren die Worte Jesu für ihn der Anlaß, triumphierend sein Gewand zerreißen zu können: der Angeklagte hatte sich zu erkennen gegeben. Allerdings, ohne erkannt worden zu sein.

So zogen sie alle zu Pilatus.

ACHTE STATION:

CHRISTUS

VOR

PILATUS

UND

KAIPHAS

Mit der Darstellung Jesu vor dem thronenden Pilatus erweist sich Hans Memling in noch anderer Weise als «Panoramamaler». Er malt nämlich diese Szene als «kleines Panorama» in sein das ganze Passionsgeschehen umfassendes Bild hinein, eine Zusammenschau aller Jesus-Pilatus-Begegnungen. Zwar sieht man den von Hohepriestern und Soldaten in der ersten Morgenfrühe vor das Praetorium, den Amtssitz des Pilatus, gezerrten Jesus, aber nicht den aus der Tür heraustretenden Pilatus, der die Hohepriester nach dem Grund ihres Kommens fragt, wie es den Evangelien entsprechen würde, sondern jenen Pilatus, der erst in der Mittagsstunde, auf der Kathedra thronend, das ganze Verfahren abschließt.

Auf diese Weise begegnen sich in Memlings Pilatus-Szene zugleich Morgenfrühe und Mittagszeit, die erste Befragung des Angeklagten und das abschließende Urteil. In die Morgenfrühe holt Memling mit den beiden Anklägern alles, was in der vorangegangenen Nacht geschehen war, herein. Durch jenen Alten, der vom Betrachter des Bildes aus links neben dem ihn abwehrenden Pilatus steht, eine Hannas-Gestalt, und auf der rechten Seite den leicht zu identifizierenden Kaiphas mit dem Silberlingsbeutel am Gürtel. Der gleiche Kaiphas, der dann später mit einem Kapuzenumhang auf einem gefleckten braunen Pferd neben Pilatus zum Ort der Kreuzigung reitet. In die Mittagsstunde hingegen gehört der Diener, links von Pilatus, der ihm das Lavabokännchen für das *Ich wasche meine Hände in Unschuld!* reicht.

Zu der Zeit hielt Pilatus Jesus bereits für unschuldig, nachdem er beim Verhör von ihm erfahren hatte, daß er nicht König der Juden sein wolle, ja, daß sein Reich nicht *von dieser Welt* sei, womit sich die Anklage der Hohepriester als erlogen erwies. Er geriet durch die Begegnung mit Jesus offenkundig mehr und mehr in Unsicherheit und unternahm darum drei Versuche, ihn freizulassen, schließlich, indem er sich vor allen auf die Kathedra setzte, wie im Bild zu sehen, und so als Vertreter des römischen Kaisers Jesus rechtsgültig zum König der Juden erhob, indem er proklamierte: *Siehe euer König!* Dagegen schrien die Hohepriester und das Volk: *Hinweg! Hinweg! Kreuzige ihn!* Was zu der provozierenden Frage des Pilatus führte: *Soll ich denn euern König kreuzigen?* Worauf die Juden antworteten: *Wir haben keinen König außer dem Caesar!* Diese letzte Aussage der Hohepriester und des von ihnen verführten Volkes war eindeutig und von geschichtlicher Bedeutung. An ihr scheiterte Pilatus und sah sich durch sie gezwungen, dem Tode Jesu am Kreuz zuzustimmen. Letztlich blieb ihm nichts anderes übrig, als seine Hände *in Unschuld* zu waschen.

Das Königtum Jesu jedoch ließ er auch dann noch bestehen, als die Juden ihn aufforderten, den Text des von ihm verfaßten Titulus, der am Kreuz befestigten Tafel mit der Angabe des Hinrichtungsgrundes, in ihrem Sinne zu ändern. Sie forderten nämlich, er solle nicht schreiben *Jesus von Nazareth, der König der Juden*, sondern Jesus habe behauptet, er sei der König der Juden.

Pilatus antwortete mit dem bekannten *Was ich geschrieben habe, habe ich geschrieben* (Joh. 19, 22)!

Mit dem Titulus hat Hans Memling auf seinem Bild nichts zu tun. Die Kreuze von Kreuzigung und Kreuzabnahme sind darauf so weit hinauf an den oberen Bildrand gerückt, so daß die Tafel mit dem in drei Sprachen abgefaßten I. N. R. I. nicht zu malen war.

Neben dem auf dem Richtstuhl sitzenden Pilatus stellt Hans Memling auch dessen Frau Procla dar, die im Evangelium lediglich einen Boten ins Praetorium schickt und nicht selbst auftritt. Sie hatte, wie Matthäus berichtet, im Traum an den Leiden Christi teilgenommen, hatte mitgelitten, und ließ Pilatus darum warnen: *Habe du nichts zu tun mit diesem Gerechten!* (Mt. 27, 19) Augenscheinlich war Pilatus von den Worten seiner Frau so beeindruckt, daß er den jüdischen Ehrentitel, mit dem sie Jesus bezeichnet hatte, übernahm und bei der symbolischen Waschung seiner Hände verwendete, indem er den Hohepriestern entgegenhielt: *Ich bin unschuldig an dem Blut dieses Gerechten!* (Mt. 27, 19)

Durch das menschlich positive Bild des Pilatus, das die Evangelien vermitteln, kann man verstehen, daß er im frühchristlichen Schrifttum auch als ein zu Christus Bekehrter angesehen, in der koptischen Kirche sogar als Märtyrer und Heiliger verehrt wurde und wird. Ein anderes, ebenso vorhandenes Pilatus-Bild ist das des durch sein Verhältnis zum römischen Kaiser und zu den Juden aufgezwungene und auch ausgelebte, Macht und Gewalt ausübenden Römers. Sein Name wird bei allen Christen unvergessen bleiben, weil er in all den verschiedenen Formen des christlichen Glaubensbekenntnisses genannt wird: «Gelitten unter Pontius Pilatus.»

Ohne es zu wollen, hat Pilatus den Christus in all seine Leiden gedrängt, die Memling alle in seinem Bilde sichtbar gemacht hat, die Geißelung, die Dornenkrönung und, davon nicht zu trennen, das «Ecce Homo», das Pilatus vor der schreienden Volksmenge demonstrativ aussprach.

Die Geißelung erfolgte auf Pilatus' Anweisung, zunächst als Versuch, Jesus freizulassen, weil er nichts getan habe, was mit dem Tode bestraft werden müsse. *Darum will ich ihn züchtigen und dann freilassen* (Mk. 23, 17). Pilatus scheiterte an den Juden. Ganz sicher wurde auch die Krönung Jesu mit der aus Dornen geflochtenen Krone und das Umlegen des Purpurmantels im Einverständnis mit Pilatus vollzogen.

Beide Leidensstufen Jesu, sowohl die Geißelung als auch die Dornenkrönung, fanden im Innern des Praetoriums statt. Das Zurschaustellen des Dornengekrönten hingegen, das mit dem *Seht, ich führe ihn zu euch heraus, damit ihr erkennt, daß ich keine Schuld an ihm finde,* wurde von Pilatus zu einem Schauspiel gemacht, einem heiligen Schauspiel, in dem er selber die große Rolle des Hierophanten spielte. Zweifellos war Pilatus das Krönungszeremoniell am Kaiserhof vertraut, ganz sicher auch die kultische Darstellung eines in die Mysterien Eingeweihten, der aus dem Verborgenen hervorzutreten und sich, wie nun Jesus, dem Volk in heiligen Gewändern zu zeigen hatte. So hat es, gut hundert Jahre später, Apuleius in seinem Mysterienroman «Metamorphosen» geschildert. Auch der Evangelist Johannes hat die Erweckung des Lazarus als ein solches Mysteriengeschehen beschrieben, in dem Christus als Hierophant Lazarus aus dem Grab vor die Menschen heraustreten läßt. Nicht im Purpurmantel und mit der Dornenkrone, sondern in Todesbinden mit dem Schweißtuch.

Pilatus war eine solche kultische Darstellung Jesu, mit Dornenkrone und Purpurmantel, bei seinem Bemühen, Jesus freizulassen, als letztes Mittel hoch willkommen. Nur hatte er damit bei der aufgehetzten Volksmenge, die den Vorgang des «Ecce Homo» nicht verstand, keinen Erfolg. Pilatus scheiterte, im Gegensatz zu dem auf Memlings Bild über Pilatus in Stein gehauenen König Salomo, der gerade sein «Salomonisches Urteil» fällt. Memlings Grisaille zeigt urbildhaft ein weisheitsvolles Gelingen, um das Pilatus sich vergeblich bemüht. Pilatus schaffte es nicht, weil er einerseits kein König Salomo und andererseits kein Caesar war und so von den intrigierenden Hohepriestern nicht als ihr «einziger Herr» bezeichnet wurde, ja, sie spielten sogar gegen ihn aus: *Wenn du diesen freiläßt, bist du nicht der Freund des Kaisers!* (Joh. 19, 12)

NEUNTE STATION:

GEISSELUNG

Die Geißelung Jesu auf Memlings Bild zeigt den an die Martersäule gebundenen, nur mit einem Lendentuch bekleideten Jesus; vier Schergen schlagen auf ihn ein. Ein für frühere Zeiten nicht ungewöhnliches Bild. Denn im Altertum und auch im Mittelalter waren Geißelungen allgemein üblich als Strafe, die im Grunde stets das gleiche bewirken sollte: Schmerz zufügen, weil jeder Schmerz, wenn er nicht übermächtig wird, bewirkt, daß der Geschlagene «zu sich kommt», sich im Erleiden selbst wahrnimmt und Raum in sich schafft für ein Höheres – für Gott im Sinne des Paulus: *Ich lebe aber; doch nun nicht ich, sondern Christus lebt in mir* (Gal. 2, 20).

Nur so ist auch jene andere Geißelung auf Memlings Bild zu verstehen, bei der Jesus selbst die Geißel in die Hand nimmt, um mit seinen Schlägen die Händler und Wechsler aus dem Tempel zu vertreiben. *Und er machte sich eine Geißel aus Stricken und trieb sie alle zum Tempel hinaus,* heißt es bei Johannes (Joh. 2, 15). Es handelt sich auf Memlings Bild, wie in der Betrachtung der «zweiten Station» schon erwähnt, um eine ungewöhnliche Darstellung der Tempelreinigung, bei der er den weißen Ziegenbock, den «Sündenbock», auftreten läßt, der wie erstarrt vor dem mit der Geißel zuschlagenden Jesus stehenbleibt, während alle anderen, die das Haus Gottes mit Geld und Tieren verunreinigt hatten, die Flucht ergreifen.

Mit der Tempelreinigung wollte Christus den Tempel für Gott wieder bewohnbar machen. Darum ging es letztlich bei allen Geißelungen: um die Austreibung von Dämonen und Teufeln. Deswegen geißelten sich Mönche und Einsiedler, deswegen zogen im Mittelalter die Flagellanten durch die Straßen und schlugen sich, um das Böse, das sie in sich erlebten, zu vertreiben und sich selbst für Gott bewohnbar zu machen.

In der Antike gehörten Geißelungen zu den Vorbereitungen auf die Einweihung in die Mysterien, wie auch Apuleius es in seinen «Metamorphosen» beschreibt. «Bildlich dargestellt», schreibt Lauenstein in seinem Buch «Das Geheimnis des Wals», «ist eine solche (Geißelung) in der Casa dei Misteri vor dem Tore von Pompeji. Dort wird unzweifelhaft die Einweihung eines etwa siebzehnjährigen Mädchens in die dionysischen Mysterien geschildert.» «Auch im Hoheliede Salomos», heißt es weiter bei Lauenstein, «erfährt die den Bräutigam suchende Braut eine Geißelung»: *Ich suchte, aber fand ihn nicht. / Es fanden mich die Hüter, die in der Stadt umhergehen. / Sie schlugen mich wund. / Die Hüter auf der Mauer nahmen mir den Schleier. / Ich beschwöre euch, ihr Töchter Jerusalems, / Findet ihr meinen Freund, / So saget ihm, daß ich krank läge vor Liebe* (Hohelied 5, 6–8).

Außer den hier beschriebenen Arten von Geißelungen gab es noch viele andere; auch solche, bei denen der zu Geißelnde an eine Säule gefesselt wurde. Die Geißelung Jesu wird von den Evangelisten lediglich als eine Tatsache mitgeteilt, ohne eine Schilderung des Vollzugs. Sie berichten nichts von einer Martersäule, an die Jesus gebunden worden sei. Erst im Jahre 333 berichtet der «Pilger von Bordeaux», daß er im Hause des Kaiphas die Geißelsäule gesehen habe, und um 400 erzählt die Pilgerin Aetheria von einer Säule, vor der die Jerusalempilger in der «Anastasis», der Kirche auf dem Zionsberg, ihre Andacht zu verrichten hatten. Heute nimmt man an, daß eine nicht sehr hohe Säule für Geißelungen im Innenhof des Praetoriums gestanden habe, an der auch die Geißelung Jesu vollzogen worden sei. Alle späteren Berichte darüber gelten gegenwärtig als Legende. Es heißt, daß keine der in Jerusalem, Rom und Konstantinopel gezeigten «Geißelsäulen» als echt anerkannt werden können.

Auf den zahlreichen bildlichen Darstellungen der Geißelung Jesu, die seit dem 9. Jahrhundert entstanden sind, ist stets eine Säule zu sehen. Wobei deren Gestalt und der Ort, an dem sie stehen, sehr verschieden sind, wie auch die Anzahl der geißelnden Schergen und der außer ihnen noch dargestellten Zuschauer.

Die Martersäule, die Hans Memling mit Basis, Schaft und Kapitell gemalt hat, steht in der Mitte eines überwölbten Raumes. Dieser Raum, dessen Gewölbe von der Säule getragen wird, ist für alle Beschauer offen, wie das Schaufenster eines Ladens. Im Hintergrund befindet sich eine kleine offenstehende Tür. Auffallend ist, daß Memlings Martersäule optisch wie die Mittelachse des ganzen Panoramabildes wirkt und es in eine linke und eine rechte Hälfte teilt. Um diese Säule, an die der Christus gebunden ist, dreht sich sozusagen alles, so wie sich das All um die Weltachse dreht. Auf diese Weise macht Memling, wie auch vor allem die Buchmaler seines Jahrhunderts und auch vor seiner Zeit, den Raum mit der Säule zu einem Symbol, dem Abbild des Makrokosmos, in dessen Mitte eine Weltensäule Himmel und Erde verbindet. An sie, so kann man es sehen, hat sich der vom Himmel zur Erde gnadenvoll herabsteigende Sohn des Vaters, der Weltenschöpfer, auf seinem Wege zum Kreuz binden lassen.

Schon lange davor gab es das Bild dieser Säule in fast allen Kulturen der Welt; so auch im Bereich der heidnisch-germanischen Stämme der Sachsen als die ihnen heilige «Irminsul», die dem Christen Karl dem Großen so wichtig war, daß er sie und das sie umgebende Heiligtum zerstörte, bevor er seinen Krieg und die Zwangsbekehrung der Sachsen begann. Die Irminsul, wie es heißt, eine riesige Säule aus Holz, war für die noch heidnischen Sachsen die irdische Repräsentanz der Himmel und Erde verbindenden Weltensäule. Sie war nötig, damit die Götter erscheinen konnten. «Damit sie erscheinen können», heißt es in Hans Walters «Griechische Götter», «ist ein dinglicher Ort notwendig, ein Kultbau, eine Säule, ein Altar, ein Baum, ein Steinmal, ein Steinhaufen. Zum Götterkult gehört von altersher die Verehrung heiliger Bäume und Haine. Jedoch sind solche Mäler und Gegenstände weder der Gott selbst noch sein Symbol. Der Rufende erhebt die Hände zur Beschwörung, die Gottheit erscheint in den Lüften und läßt sich auf den Malen nieder, ist so lange anwesend, als die Vision des beschwörenden Priesters und Beters währte: der schaut sie in der Vision und bleibt in der verehrenden Haltung.»

So kannte man Säulenmale für eine Reihe von Göttern. Für den Dionysos in Theben oder für die argivische Hera das bekannte Säulenmal über dem Löwentor von Mykene. In die Reihe solcher Male gehört auch der von Jakob, dem Sohn Isaaks, aufgerichtete Stein von Beth-El, über dem er im Traum eine Leiter stehen sah. *Die rührte mit der Spitze an den Himmel und siehe, die Engel stiegen daran auf und nieder; und der Herr stand obendarauf. Und Jakob stand des Morgens früh auf, nahm den Stein, den er zu seinen Häupten gelegt hatte und richtete ihn auf zu einem Mal und goß Öl obendarauf und hieß die Stätte Beth-El, zuvor aber hieß die Stadt Lus* (1. Mos. 28, 12 und 18, 9).

Karl der Große verstand sich auf derartige Säulengeheimnisse sehr wohl und wußte, daß über einem «dinglichen Ort» himmlische Heerscharen, Götter und Volksgeister erscheinen können, um die zu beschützen, die sich ihnen auf rechte Weise nahen. Darum handelte Karl bewußt so, wie es die Priester der römischen Feldherren zu ihrer Zeit getan hatten, wenn sie vor der Eroberung einer feindlichen Stadt deren Götter durch einen Kultakt, eine «evocatio», herauszurufen suchten, um so die Verteidiger der Stadt von deren guten Geistern verlassen und dadurch schutzlos zu machen. Karl, als Christ und gewalttätiger Bekehrer, rief seinerseits die guten Geister der Heiden, ihre Schutzengel, an einen «dinglichen Ort». Nicht an eine von ihm errichtete Säule wie die Irminsul, sondern in die Innenräume der Kirchen, an deren Altären die Auferstehung Christi und die Gegenwart der ihm dienenden Erzengel von den Gläubigen erlebt wurde.

In Memlings Tagen war seit Karl dem Großen mehr als ein halbes Jahrtausend kaiserlichen Feudalismus vergangen. Eine Zeit, in der die Darstellung der Säule mit dem daran gebundenen Christus üblich geworden war. Das Besondere an Memlings Darstellung der Geißelung Jesu ist nicht nur, daß die Säule optisch die Mitte des Bildes ist, sondern, daß einer der vier Geißelknechte Jesus an den Haaren nach unten zieht, von der Basis der Säule fort, und ihn so zwingt, einen Schritt voran zu tun. Einen Schritt voran, der ihn letztlich dorthin führt, wo sein dunkles, malvenfarbenes Gewand hingeworfen liegt, einen Schritt auf das Kreuz zu, das die Zimmerleute vor seinen Augen zimmern.

So steigt der Weltenschöpfer aus der Höhe des Gewölbes über der Krone des Säulenkapitells, aus der Welt des Vaters, herab und kommt in den Bereich des dunklen Gewandes, dem Abbild seines sterblichen Erdenleibes, in die Welt der irdischen Elemente, die sich in Erde, Wasser, Luft und Feuer vierfach darstellen wie die vier Geißelknechte. Sie zerren ihn hinunter in die Welt des dunklen Todeskleides, das von dem zu tragen ist, der das Kreuz auf sich nimmt. Das Kreuz trägt Jesus auf Memlings Bild allerdings erst, nachdem er noch zwei andere Kleider getragen hatte: das weiße Gewand, das Herodes ihn anziehen ließ, und den Purpurmantel, den die Kriegsknechte ihm umlegten.

ZEHNTE STATION:

DORNENKRÖNUNG

Die Menschen, die Memling auf seinem Passionsbild darstellt, waren seine Zeitgenossen, Menschen des 15. Jahrhunderts, wie er sie gesehen und erlebt hat. Alte und Junge, Männer und Frauen, Kluge und Dumme. Dazu auch Narren, wie die vier Schergen, die die Dornenkrönung als hohnvolles Spiel vollziehen und dabei Christus verspotten und mißhandeln. Diese vier sind in keiner Weise mit den römischen Soldaten zu vergleichen, die mit dem Krönungsritus der Mithrasmysterien die Dornenkrönung an Jesus vollzogen. Memlings Schergen sind nur simpel und brutal. Sie haben ihr Vergnügen an ihrem Spiel. Sicher wissen alle vier nicht, was sie tun. Auch der Kleine nicht, der vor Jesus kniet und ihm das Schilfrohr als königliches Szepter in die Hand drückt. Sie sind ihre eigenen Zuschauer. Niemand sonst sieht ihnen zu, und keiner hat Anteil an dem, was geschieht.

Auffallend ist, daß Memlings Raum, in dem die Geißelung stattfindet, viel größer und weiter «nach vorn» gerückt ist als der merkwürdige Raum, in dem sich die Dornenkrönung abspielt. Gewiß kann man sagen, daß alles auf Memlings Bild – diese Ansammlung von Kulissen und Versatzstücken aus dem Memlingschen Theaterfundus – merkwürdig räumlich «verrückt» ist. Dabei macht er, wie gesagt, den Raum der Geißelung mit dem davor liegenden dunklen Gewand Jesu optisch zum Mittelpunkt seines Gemäldes. Den engen Raum der Dornenkrönung hingegen, in dem wegen seiner Kleinheit nur vier Personen neben einem Sitzenden stehen können, schiebt er bewußt in den Hintergrund. Dadurch entsteht eine Art «jenseits der Öffentlichkeit», ein «nicht vor aller Augen», wodurch dieser Ort den Schilderungen der Evangelien entspricht, nach denen die Dornenkrönung lediglich eine Angelegenheit der Soldaten war, die sich im Inneren des Praetoriums befanden.

Allerdings fragt man sich gerade bei der Betrachtung dieser Szene, ob Memling vorhatte, die von ihm gemalten Zeitgenossen in die Tage des Golgatha-Geschehens zurückzuversetzen, oder ob er Jesus und seine Apostel, seine Mutter und Pilatus, Joseph von Arimathia und Kaiphas in seine Zeit, in die Tage des 15. Jahrhunderts, hereinziehen und sie unter den damals lebenden Menschen gegenwärtig werden lassen wollte. Dieser Eindruck, daß ein Kreis «überzeitlicher Wesen» unter gewöhnlichen Menschen auftritt, die nur damit beschäftigt sind, ihr irdisches Leben hinzubringen, entsteht ganz eindeutig durch Memlings Darstellung des Passionsgeschehens. So in seiner Art die Dinge zu sehen und zu betrachten, vergegenwärtigt er die Dornenkrönung und weckt damit erneut alle Fragen nach Krone und Krönung, Dornen und brennendem Dornbusch, nach Rohr, Szepter und Purpurmantel. *Da nahmen die Kriegsknechte des Landpflegers Jesus zu sich in das Praetorium,* heißt es bei Matthäus, *und zogen ihn aus und legten ihm einen Purpurmantel an und flochten eine Dornenkrone und setzten sie auf sein Haupt und gaben ihm ein Rohr in seine rechte Hand und beugten die Knie vor ihm und verhöhnten ihn und sprachen: Heil dir, du König der Juden! und spien ihn an und nahmen das Rohr und schlugen es auf sein Haupt. Und als sie ihn verspottet hatten, zogen sie ihm den Mantel wieder aus, zogen ihm seine Kleider wieder an und führten ihn hinweg zur Kreuzigung* (Mt. 27, 27–31).

Die römischen Soldaten, auch wenn sie Jesus durch die Dornenkrönung nur verhöhnen wollten, vollzogen dennoch eine Handlung, die in all ihren Elementen an dem ihnen vertrauten Krönungsakt orientiert war. So entspricht das «Heil dir, König der Juden!» durchaus den damals üblichen Akklamationen bei der Wahl und den Erhebungen von Königen. Der Hohn lag lediglich darin, daß die Soldaten Jesus für eine Spottfigur hielten und sein Königtum für Unfug. Dennoch leiteten sie mit der Akklamation den eigentlichen Krönungsvorgang ein. Sie setzten nämlich stets dem zu Krönenden eine Krone auf, Jesus die Krone aus Dornen. Sonst waren es in der Regel Priester, die den weltlichen Herrschern, und zwar vor aller Augen, die Krone aufsetzten. In der römischen Kirche war der Papst die Instanz, die den Königen und Kaisern die Krone «von oben herab» auf das Haupt zu setzen hatten, um allen augenfällig ihre Abhängigkeit von der Gnade Gottes zu demonstrieren. Wobei sich die Gnade Gottes auf magische Weise durch einen priesterlichen Weiheakt an einen Gegenstand wie die Krone binden ließ.

Bei der Dornenkrönung Jesu waren es keine Priester, sondern Soldaten, die sich ermächtigt fühlten, den ihnen vertrauten Krönungsritus im verborgenen, nicht vor aller Augen, an Jesus zu vollziehen. Erst mit dem «Ecce Homo», dem Hinausführen des Dornengekrönten im Purpurmantel in die Öffentlichkeit durch Pilatus, wird sichtbar, was sich im verborgenen vorbereitet hatte. Es liegt nahe, aus den «Metamorphosen» des Apuleius zu zitieren. Dort tritt der durch den Vollzug der Isismysterien zum Eingeweihten gewordene Lucius vor das Volk, mit einer zwölffachen Stola bekleidet. «Doch in der rechten Hand trug ich eine voll entflammte Fackel und mein Haupt umgab stattlich ein schimmernder Palmenkranz, bei dem die Blätter nach Art von Strahlen hervorragten. Nachdem ich so, der Sonne gleich geschmückt und wie ein Standbild aufgestellt war, wurde der Vorhang plötzlich fortgezogen und das Volk wogte heran, mich zu schauen. Dann feierte ich meinen festlichen Geburtstag als Eingeweihter, und es gab einen lieblichen Schmaus und ein heiteres Gelage.» Die Parallele wie auch der Unterschied zwischen den beiden Geschehnissen ist offenkundig. Am deutlichsten wird er an der Verschiedenartigkeit der Kronen. Der Lucius des Apuleius trägt eine aus Palmenblättern, eine «Sonnenkrone», während Jesus die Krone aus Dornen trug.

In der Bibel ist von Palmen und Dornen häufig die Rede. Jericho wurde auch deshalb die Palmenstadt genannt, weil man von dort die Palmzweige holte, die an den verschiedenen Festen gebraucht wurden, wie am Palmsonntag, an dem der in die Stadt Einziehende mit Palmzweigen zu begrüßen war. Den Dornen hing seit dem Sündenfall der Fluch Gottes über den Erdenacker an. *Verflucht sei der Acker um deinetwillen, mit Kummer sollst du dich darauf nähren dein Leben lang. Dornen und Disteln soll er dir tragen und du sollst das Kraut auf dem Felde essen* (1. Mose 3, 17–18).

Andererseits ist gerade der brennende Dornbusch, in dessen Flammen Moses die Erscheinung Gottes erlebte, ein Busch, wie auch jener, in dem sich bei der Opferung Isaaks der Widder verfing, der dann statt Isaak geopfert wurde. Allein diese beiden Geschehnisse verwandeln das negative Bild des Dornstrauchs in ein positives. So hat man vielfach in dem die Dornenkrone tragenden Jesus das Lamm Gottes gesehen, das sich, so wie der Widder im Isaak-Opfer, gefangen gab, um für alle Menschen geopfert zu werden. So erschien der Christus den Menschen nun aufs neue in Dornen, wie er vor Zeiten dem Moses im brennenden Dornbusch erschienen war.

Wahrscheinlich haben die Soldaten, die die Dornenkrönung an Jesus vollzogen haben, diese Hintergründe nicht gekannt. Wichtig aber ist, danach zu fragen, wer sie dazu veranlaßt haben mag, die Krone aus Dornenzweigen zu flechten. Daß sie einen Purpurmantel zur Verfügung hatten und ihn für ihren Zweck verwenden konnten, auch für die Königskrönung Jesu, hing mit ihrer Dazugehörigkeit zur Mithras-Gemeinde zusammen. Sie verwendeten ihn völlig unbefangen. Dabei entsteht die Frage, ob und wie ihr kultisches Handeln wirksam wurde, ob ihrem verspottenden Krönungsritus eine andere Bedeutung beizumessen ist als einer bloßen Soldatenbelustigung, oder ob man damit ähnlich umgehen sollte wie mit dem bekannten Bekehrungserlebnis des Schauspielers Gelasinus im Jahre 297 in Heliopolis in Phönizien. Er spielte bei einer verspottenden Darstellung der christlichen Taufe die Hauptrolle, wurde ins Wasser getaucht und hatte dabei eine Erscheinung Christi, durch die er zum Christentum bekehrt wurde. Er bekannte sich vor den Zuschauern zu Christus und wurde dadurch zum Märtyrer, weil die erbosten Zuschauer ihn umbrachten. Sein Gedenktag wird nur in der griechischen Kirche gefeiert, am 27. Februar. In der römischen Kirche ist er unbekannt geblieben. Bei dieser Spottaufe geschah für alle Beteiligten völlig unerwartet und überraschend, was bei jeder Taufe geschehen soll, die Christwerdung des Täuflings durch den anwesenden Christus. Weil der Taufritus damals, seiner Form nach, richtig vollzogen wurde, konnte Christus, gegen den Willen des Schauspielers und der Zuschauer, gegenwärtig sein.

In Heliopolis waren es Schauspieler, bei der Dornenkrönung Jesu schauspielernde Soldaten. In beiden Fällen wurde ein gegebener Ritus, eine heilige Handlung der Form nach korrekt vollzogen: die Taufe des Gelasinus, die ihn zum Christen machte, wie auch die Königskrönung Jesu, durch die er, seinem Willen gemäß, König der Juden wurde. Versehen mit den bei jeder Krönung nötigen Insignien, der Krone, dem Mantel, dem Thron und dem Szepter.

In Carl Gustav Jungs Buch «Aion» wird ein mit allen Insignien Inthronisierter ein «kosmischer Anthropos» genannt, weil durch die Insignien hindurch kosmisch-göttliche Kräfte mitgeteilt würden. In diesem Sinne vermittelten die zur Krone geflochtenen Zweige des Dornstrauchs, in dem Gott dereinst im Feuer erschien, auch bei der Dornenkrönung Jesu die Gegenwart Gottes.

Der Dornbusch spielt im Alten Testament insofern eine zentrale Rolle, als Gott sich dem Volke Israel durch Moses zum erstenmal mit seinem Namen offenbarte, dem «Ani Hu», dem «Ich Bin». Dem gleichen Namen, mit dem sich Christus als der einst vor Moses im Feuer Erschienene am Karfreitag den Hohepriestern und somit der Welt zu erkennen gab. Mit der Dornenkrone auf dem Haupt trat er als menschgewordener Gott aus dem Bereich des brennenden Dornbusches heraus, hinein in unsere Welt.

Vorher gab es in Palästina, wie überall in der Welt, heilige Kronen, die aus Zweigen geflochten waren. Sie stammten aus Baumkronen, aus Orakelbäumen, an denen die Götter befragt und Opfer gebracht wurden. So auch durch Abraham, dem Erzvater des israelitischen Volkes, nachdem Gott aus der heiligen Eiche im Hain «More von Sichem» zu ihm gesprochen hatte und ihn in die Zukunft hatte blicken lassen. Diese Offenbarung aus der Baumkrone war für Abraham der Anlaß, einen Altar zu bauen und sein Opfer darzubringen. In Mamre, wiederum unter einem Orakelbaum, erschienen ihm die «drei Männer», die ihm die Geburt seines Sohnes Isaak verhießen. Wenige Jahre später, als Abraham bereit war, auf Gottes Geheiß, seinen Sohn Isaak zu opfern, trat wiederum der Dornbusch in Erscheinung. In ihm verfing sich der Widder, der, wie später das «Lamm Gottes», als Opfer an die Stelle des Menschen trat. Nicht nur Abraham, sondern auch zahlreiche andere Gestalten des Alten Testamentes hatten mit Offenbarungen unter sehr verschiedenen Bäumen zu tun. Diese setzten sich fort bis zur Feigenbaum-Offenbarung des Nathanael. *Ehe denn dich Philippus rief, als du unter dem Feigenbaum saßest, da sah ich dich* (Joh. 1, 48). Durch diese Worte Christi wurde dem Nathanael schlagartig klar, daß er den in Menschengestalt leibhaftig vor sich hatte, den er, unter dem Feigenbaum sitzend, gesucht hatte, den Gottessohn. Vorher hatte ihn Christus «von der anderen Seite», «von oben» gesehen. Das galt auch für Abraham unter der Eiche im Hain «More», auch er wurde «von oben» gesehen. Das galt auch für die Menschen, denen sich Apoll im Lorbeer oder Dionysos im Efeu oder Zeus in den heiligen Eichen nahte. Das galt unter allen Völkern. Heilige Haine und Bäume und aus ihren Zweigen geflochtene Kränze waren durch lange Zeiten Orte der Begegnung für geistige Wesen und Erdenmenschen.

Was sich allerdings bei der Erleuchtung Nathanaels abspielte, war zugleich ein Ende der alten Baumkronen-Offenbarung und der Beginn der neuen Gottesnähe. Das spricht sich in dem Hinweis Jesu aus, daß man von nun an den Gottessohn im Menschensohn suchen müsse. Nathanaels Erlebnis ist durchaus mit dem Sich-leiblich-Offenbaren des Gottessohnes vor den Hohepriestern zu vergleichen, denn der, den er in der Baumkronenwelt des Feigenbaums gesucht hatte, gab sich ihm als Gottessohn leibhaftig zu erkennen. Nathanael verstand, was er erlebt hatte, und verließ damit seine alte Welt, die des Feigenbaumes, der am Karmontag vor den Augen der Jünger von Jesus verflucht wurde und verdorrte. Durch die Verfluchung des Feigenbaums erhielten die Jünger die Weisung, den Zugang zum Gottessohn neu durch den Glauben zu suchen. *Jesus aber antwortete und sprach zu ihnen: Amen, ich sage euch, wenn ihr Glauben habt und nicht zweifelt, werdet ihr nicht nur das mit dem Feigenbaum vollbringen, sondern wenn ihr zu diesem Berge sagt: Hebe dich auf und wirf dich ins Meer! so wird es geschehen. Und alles, was ihr im Gebet erbittet, voller Glauben, werdet ihr empfangen.* (Mt. 21, 21–22)

Selbstverständlich heißt das nicht – weil Jesus den Feigenbaum verfluchte –, daß die Bäume heutzutage nicht mehr von geistigen Wesen «bewohnt» sind. Nach wie vor wirken in den Baumkronen lebendige Wesen und werden in einigen Gebieten der Erde noch beachtet und verehrt. In Polynesien setzt man noch heute den Gläubigen Kränze auf, wie einst in Griechenland den Verehrern des Apoll die Lorbeerkränze, den Verehrern des Dionysos die Efeukränze und denen des Zeus aus Eichenlaub geflochtene Kronen. Auf diese Weise werden die Gläubigen hineingenommen in die Welt der Götter und umgekehrt die Götter in die Welt der Menschen.

Nach Christi Tod am Kreuz blieb die Dornenkrone zurück. Der Auferstandene wies zwar den Jüngern und weist auch heute den Gläubigen, die ihn suchen, seine Stigmata, seine fünf Wundmale vor, nicht aber die Dornenkrone. Die Dornenkrone war die Krone des Karfreitags. Nur durch sie, wie durch ein nach oben geöffnetes Tor, war es möglich, den, *dessen Reich nicht von dieser Welt ist,* in «diese Welt» hereinzuholen und ihn zum König auf Erden zu machen. Erst nachdem das geschehen war, konnte Pilatus sich auf den Richtstuhl setzen und Jesus auch rechtlich zum König der Juden machen.

Matthäus, Markus und Johannes, nicht Lukas, berichten von der Dornenkrönung. Johannes schildert zudem sehr genau, wie Pilatus den gekrönten Jesus in der «Ecce-Homo-Szene» darstellte und sich selbst mit ihm. Auch das schildert Lukas nicht. Er berichtet jedoch von einem Geschehen, das die drei anderen Evangelisten nicht erwähnen: daß Pilatus Jesus nämlich zu Herodes führen ließ.

ELFTE STATION: CHRISTUS VOR HERODES

Hans Memling hat die Begegnung Jesu mit dem König Herodes gemalt.

Erstaunlich ist, daß weder Christiane Kruse noch Dirk de Vos, die besonderen Kenner des Memlingschen Werkes, das erkannt haben. De Vos nennt diese Begegnung, die man auf dem Bild «rechts des Ecce Homo in einem schmalen Gebäude» sieht, ein «zweites Verhör von Pilatus». Er fügt hinzu: «Sie (diese Szene) wurde nur von einem Autor (Kluckert 1974) beschrieben, jedoch als Freilassung des Barabbas. Es ist dennoch Christus (mit Nimbus), der vor Pilatus erscheint.» Christiane Kruse dagegen übernimmt Kluckerts Erklärung von der Freilassung des Barabbas. Sie beachtet den Nimbus Christi nicht, auf den de Vos zu Recht hinweist. Dennoch, obwohl Pilatus überall auf dem Bild gleich gekleidet und darum leicht von dem gekrönten Herodes im roten Mantel zu unterscheiden ist, übersehen de Vos, wie auch Kluckert und Christiane Kruse, die goldene Königskrone und den roten Königsmantel des Herodes.

Memling kannte das Lukas-Evangelium und sein 23. Kapitel, in dem geschildert wird, daß Pilatus Jesus allzugern zu Herodes führen ließ, um ihn und damit den ganzen furchtbaren Prozeß loszuwerden und ihn an Herodes abzuschieben, weil Jesus als Galiläer *unter des Herodes Obrigkeit gehörte.* Das gelang nicht, weil Jesus, von dem der erregte Herodes eine magische Handlung erwartete, kein Wort mit ihm redete. Herodes war enttäuscht, denn seit der Enthauptung Johannes' des Täufers hatte er darauf gewartet, Jesus zu begegnen, weil er von ihm ein Wunder, eine Zauberei zu sehen erhoffte. Bei Lukas heißt es, daß Herodes, als er von der Wirksamkeit der von Jesus ausgesandten zwölf Apostel hörte, sagte: *Johannes, den habe ich enthauptet, wer aber ist dieser, von dem ich solches höre? Und begehrte Ihn zu sehen* (Lk. 9, 9). Matthäus und Markus hingegen berichten, daß Herodes nach der von Herodias betriebenen Enthauptung Johannes' des Täufers der Meinung war, Jesus sei der von den Toten auferstandene Täufer (Mt. 14, 1ff.; Mk. 6, 14ff.). Herodes, heißt es bei Markus, *fürchtete Johannes, denn er wußte, daß er ein frommer und heiliger Mann war; und gehorchte ihm in vielen Sachen und hörte ihn gern* (Mk. 6, 20).

Herodias aber wollte Johannes töten, weil er ihre Ehe mit Herodes, ihrem Onkel, als ungesetzlich verurteilt hatte und weil sie, um Herodes heiraten zu können, ihren Mann Philippus verlassen hatte. Es gelang ihr, was ja in aller Welt bekannt ist, Herodes mit Hilfe ihrer bezaubernd tanzenden Tochter Salome bei einem Gastmahl zu überlisten. Und auch in dieser Situation, als Herodes wegen seines unüberlegt geleisteten Eides der geforderten Enthauptung des Johannes zustimmen mußte, war er sehr betroffen. Markus berichtet: *Und der König war betrübt* (Mk. 6, 26). Memling hat diese Szene, in der Salome das Haupt des Täufers auf einer Schüssel vom Henker entgegennimmt, auf seinem Triptychon mit Johannes dem Täufer und Johannes dem Evangelisten dargestellt. Herodes war in diesem Zusammenhang nicht zu übersehen.

Als einige Pharisäer zu Jesus kamen, um ihn vor Herodes zu warnen, *Heb dich hinaus und gehe von hinnen, denn Herodes will dich töten!*, nannte er ihn einen Fuchs. Und er sprach zu ihnen: *Gehet hin und saget diesem Fuchs: Siehe, ich treibe Dämonen aus und mache gesund, heut und morgen und am dritten Tage werde ich mein Ziel erreichen. Doch muß ich heute und morgen und am Tage danach weitergehen; denn es geht nicht an, daß ein Prophet anderswo als in Jerusalem umkommt* (Luk. 13, 32). Auch hier spricht er durch eine Art Leidensverkündigung das Geheimnis der drei Tage, des «Triduums», aus und weist zugleich auch auf den Ort seines Todes hin, auf Jerusalem, wo Herodes nicht die gleichen Rechte und Befugnisse hatte wie die Hohepriester, sondern auch nur Gast war und somit nicht in den Prozeß gegen Jesus eingreifen konnte. Die Pharisäer, die Jesus warnten, waren ihm freundlich gesonnen. Anders als jene, die zusammen mit den «Herodianern», die auch Juden waren, am Kardienstag versuchten, Jesus mit der Zinsgroschenfrage eine Falle zu stellen. Die waren seine Feinde. Auf sie weist Markus im Zusammenhang mit einer von ihnen verurteilten Sabbath-Heilung Jesu hin: *Und die Pharisäer gingen hinaus und beratschlagten mit den Herodianern, wie sie ihn umbringen könnten.*

Herodes Antipas gehörte nicht zu ihnen. Er war ein Sohn Herodes' des Großen und der Samaritanerin Malthake. Sein Vater stammte von dem Idumäer Antipater und einer arabischen Prinzessin ab. Die Idumäer oder Edomiter führten ihr Geschlecht auf Esau zurück, den Bruder des Erzvaters Jakob, der den Namen Israel trug. Esaus Nachkommen, und somit Herodes Antipas, waren keine Israeliten. Herodes der Große hatte als enger Freund der Römer, die ihn zum König gemacht hatten, die Stadt Caesarea gegründet und allenthalben Augustus-Standbilder aufgestellt. Eine Zumutung für die Juden. Von einer Bauwut gepackt, hatte er überall profane Bauten und auch mehrere Tempel für Augustus, den göttlichen Kaiser, gebaut. Vor allem aber hatte er den jüdischen Tempel in Jerusalem prunkvoll erneuern lassen. Seine verwirrte Besessenheit wirkte so stark auf die jüdischen Herodianer, schreibt der lateinische Kirchenschriftsteller Tertullian (150 bis 225 n. Chr.), daß sie ihn für den Messias hielten. Sein Sohn Herodes Antipas dagegen hatte nicht das Format seines furchtbaren Vaters und hielt sich selber auch nicht für den Messias. Wohl aber rechnete er mit der baldigen Ankunft des Verheißenen, wobei er gewiß nicht einen König erwartete, dessen Reich nicht *von dieser Welt* sei, sondern einen, der mit Gewalt alle Macht auf Erden ergreifen würde. Nicht anders als sein Vater hielt er es für möglich, daß der in den Tempel von Jerusalem einziehende Messias aus Rom kommen könnte. So stand er voll ängstlicher Neugier und Erwartung zwischen allen damals handelnden Personen, voller Habgier, sich keinen Vorteil entgehen zu lassen. Ihm blieb nichts verborgen, er übersah nichts, sein Fuchsbau hatte nach allen Seiten Aus- und Eingänge. Die Hohepriester, die in Jerusalem herrschten, die Sadduzäer, kannte er nur zu genau. Auch ihren politischen Hintergrund, ihre «Römerfreundschaft». Er verachtete sie, die die Auferstehung der Toten ablehnten, und sah in ihnen seine Gegner. Auch, weil sie Johannes den Täufer, mit dem er innerlich dauernd beschäftigt blieb, nicht als einen Gottgesandten anerkannt, sondern nur mißachtet hatten.

Gewiß fühlte sich Herodes erleichtert, als er meinte erkannt zu haben, daß der schweigend vor ihm stehende Jesus nicht der machtvolle Messias war, den Johannes in ihm gesehen hatte. Aus dieser vermeintlichen Erkenntnis heraus handelte er ähnlich wie Pilatus, der Jesus im Purpurmantel, als gekrönten König vor die Volksmenge stellte. Auch Herodes verkleidete Jesus, ließ ihm jedoch keinen Königsmantel anziehen, sondern das weiße «Lichtgewand» des aus den Himmeln kommenden Messias. So in einem weißen Gewand, dem Verklärten auf dem Berge Tabor ähnlich, ließ er ihn durch die Straßen Jerusalems zu Pilatus zurückbringen. Mit der klaren Absicht, die Hohepriester vor aller Augen mit diesem harmlosen Sonderling zu blamieren, an dem er, wie Pilatus, keine Schuld finden konnte. Darum wurden Herodes und Pilatus Freunde.

Hans Memling malt den weißgekleideten Jesus vor dem gekrönten Herodes.

ZWÖLFTE STATION:

ECCE

HOMO

Die Zurschaustellung Jesu mit Dornenkrone und Purpurmantel, bei der Pilatus, der Römer, das *Ecce Homo* ausspricht, läßt Memling auf dem Forum seiner Bühnenstadt Jerusalem stattfinden. Pilatus führt Jesus aus dem Praetorium wieder vor die von den Hohepriestern aufgeputschte Volksmenge hinaus. Hinter ihm erscheint auf Memlings Bild in der Tür noch einmal Procla, seine ihn warnende Frau.

Nur im Johannes-Evangelium wird das «Ecce Homo» zitiert. Es wird oft ausgesprochen, wenn einer sagen will: Der da ist auch nur ein Mensch! Wobei heute viele der Meinung sind, gerade das habe Pilatus beim Anblick des von seinen Soldaten geschundenen und als Spottkönig verkleideten Jesus sagen wollen. Das jedoch geht in keiner Weise aus dem Gesprächsverlauf zwischen Pilatus und Jesus, wie Johannes ihn schildert, hervor. Denn die nächste Frage, die Pilatus – wieder im Innern des Praetoriums – an Jesus richtete, lautete: *Von wannen bist du?* Das fragte er nämlich, nachdem die Hohepriester als schwersten Anklagepunkt gegen Jesus vorgebracht hatten, er habe sich selbst zu Gottes Sohn gemacht. Bei Johannes heißt es dazu: *Als Pilatus das Wort hörte, fürchtete er sich noch mehr* (Joh. 19, 7).

Memlings Darstellung entspricht ganz sicher den Tatsachen, wenn er an dieser Stelle im Hintergrund noch einmal Procla «erscheinen» läßt, die in Pilatus die Ahnung erweckt, daß der vor ihm Stehende nicht nur der König der Juden sei, sondern auch der Sohn des allerhöchsten Gottes. Dadurch geriet Pilatus in allergrößte Unsicherheit.

Er fing an, sich weit mehr vor dem Undurchschaubaren, das ihm in Jesus begegnete, zu fürchten, als vor dem erpresserischen Ränkespiel der Hohepriester, die ihm drohten, ihn an den Caesar auszuliefern, wenn er ihren Forderungen nicht entspreche. Den Hohepriestern gegenüber blieb Pilatus durchaus souverän, indem er Jesus rechtlich zu ihrem König erhob und ihnen unzweideutig die Schuld am Tod *dieses Gerechten* zuwies. Damit setzte er der mehr als ein Jahrtausend alten Geschichte des jüdischen Königtums ein Ende, indem er das Bekenntnis der Hohepriester *Wir haben keinen König außer dem Caesar!* herausforderte, durch das sie sich der Gewalt Roms unterwarfen.

Wie weit Pilatus die geistigen Hintergründe des Judentums und des Alten Testamentes kannte, muß offenbleiben. Ganz sicher aber waren ihm als Politiker die verschiedenen Gruppierungen neben den Sadduzäern bekannt, die Pharisäer, die Nasiräer, die Essäer, die Gesetzeslehrer und die Schriftgelehrten. Es ist auch anzunehmen, daß er wußte, daß die Hohepriester weder an die Auferstehung noch an Engel und andere geistige Wesen glaubten. Im Gegensatz zu den anderen Gruppen. Ein Gegensatz, den sich später der einstige Pharisäer Saulus, der Apostel Paulus, zunutze machte, indem er Hohepriester und Pharisäer in seinen Gerichtsverhandlungen gegeneinander ausspielte.

Natürlich kannte sich Pilatus, der Römer, auch mit den Göttern Roms aus, auch mit den griechischen Mysterien, in die sich die Caesaren, Zwang ausübend, einweihen und sich danach als Götter bezeichnen und behandeln ließen. Gewiß ahnte er auch den realen Hintergrund der Religion seiner Soldaten, der Mithras-Mysterien, und konnte darum auch die von ihnen vollzogene Dornenkrönung anerkennen. Allein die ihm bekannte Tatsache, daß die Caesaren sich als Götter erlebten, macht verstehbar, daß er in Jesus auch einen Mensch gewordenen Gottessohn oder Gott vermuten konnte. Aus diesem Hintergrund heraus spricht er dann sein «Urteil», das «Ecce Homo».

Damit trifft Pilatus durchaus die eine Seite der Wirklichkeit, die römische: Gott ist ein sterblicher Mensch geworden, ein «homo sapiens». In den Augen der Römer ein vernunftbegabtes Wesen, dessen Leiblichkeit aus den Stoffen des Erdenackers, aus «humus» genommen ist, zugleich aber auch der edelsten «Humanität» im höchsten Maße fähig, ein Wesen, dessen Leib natürlich nach seinem Tode begraben wird («humare»). Schon der gewöhnliche Mensch, der «homo sapiens», war in den Augen des Pilatus ein vielschichtiges Wesen, um so mehr dieser rätselhafte Mensch Jesus, durch den eine andere Welt sprach, vor deren Wirklichkeit Pilatus sich fürchtete.

Diese «Vielschichtigkeit» des vor Pilatus stehenden Jesus spiegelt sich auch in den Evangelien. Bei Lukas nennt Pilatus Jesus dreimal *diesen Menschen* (Lk. 23, 4). Allerdings nicht im Sinne des *Ecce Homo*, sondern in Übereinstimmung mit Herodes Antipas, der in Jesus einen «harmlosen» Menschen sah. Dabei ist zu beachten, daß nur Lukas den von Herodes in ein «Lichtgewand» gehüllten Jesus beschreibt, nicht aber den Dornengekrönten im Purpurmantel. In der Feststellung, daß Jesus ein Mensch sei, trafen sich Pilatus und Herodes, auch wenn der Römer und der Nachkomme Esaus unter «Mensch» gewiß nicht das gleiche verstanden. Nach Markus bezeichnete Pilatus Jesus bei der Frage an die Hohepriester, ob er ihn oder Barabbas freilassen solle, als *König der Juden*. Bei Matthäus dagegen spricht Pilatus bei der Barabbasfrage nicht vom *König der Juden,* sondern von Jesus, *den man den Christus nennt*. Von Procla übernimmt er außerdem den Ehrennamen *der Gerechte* und bezeichnet Jesus damit vor seinen Anklägern. Als Pilatus zu ahnen anfing, was alles sein «Ecce Homo» umfaßte, setzte er sich auf die Kathedra, auf den erhöhten gepflasterten Ort Gabbatha, und tat, was ihm zu tun noch übrig blieb: Er erhob Jesus rechtlich zum König der Juden und bekannte das auf dem Titulus, den er am Kreuz befestigen ließ, «Jesus Nazarenus Rex Judaeorum».

DREIZEHNTE STATION:

KREUZTRAGUNG

Und nachdem sie ihn verspottet hatten, zogen sie ihm den Purpurmantel wieder aus und zogen ihm seine eigenen Kleider an und führten ihn hinaus, um ihn zu kreuzigen (Mt. 27, 31).

Auf Memlings Bild trägt der unter der Last des Kreuzes vor dem Stadttor zusammengebrochene Jesus wieder sein dunkles Gewand, mit dem er vom Einzug in Jerusalem an bis hin zur Geißelung bekleidet ist.

Memling folgt nun weiter den Berichten der synoptischen Evangelien, indem er Simon von Kyrene darstellt, der an Jesus herantritt, um ihm das Kreuz abzunehmen und es für ihn zum Ort der Kreuzigung zu tragen. Unter dem Torbogen stehen Johannes und die drei Frauen. Sie folgen Christus auf seinem Wege zum Kreuz. Auf der Stadtmauer stehen zwei klagende Frauen mit einem Kind. Eine Darstellung, durch die sich Memling auf die Worte des Kreuztragenden bezieht: *Ihr Töchter Jerusalems, weint nicht über mich, sondern weint über euch selbst und über eure Kinder* (Lk. 23, 28).

Memling wendet das Antlitz des zusammengebrochenen Jesus dem Bildbetrachter zu. Christi Augen blicken ihn an. Er ist gemeint, ein anderes Gegenüber als ihn gibt es nicht. Er kann sich im Innersten getroffen und angesprochen fühlen, weil dieser Christus ihm die Frage stellt, ob er, wie Simon von Kyrene, bereit sei, das Kreuz auf sich zu nehmen und ihm nachzufolgen.

Dem zusammengebrochenen Christus und Simon von Kyrene zieht eine große Menschenmenge voran, und eine ebenso große folgt ihnen nach. Allen voran, ihm «in seinen Spuren» folgend, Johannes, die Mutter Jesu und zwei Frauen. Unmittelbar hinter ihnen Pilatus und Kaiphas zu Pferde. Sie werden in den Evangelien als dem Kreuz Folgende nicht erwähnt. Auch nicht der unheimliche, gelbgekleidete Schwarze, zu Fuß, an ihrer Seite. Er gehört zu den beiden und taucht später zusammen mit ihnen, von der Kreuzigung zurückkehrend, wieder auf. Ebenfalls zu Pferde die beiden Römer, der Hauptmann und sein Untergebener, die beim Sterben Christi unter dem Kreuz auf ihren Pferden sitzen.

Ganz vorn, an der Spitze der Voranziehenden, zeigt Memling einen rotgekleideten, blinden Bogenschützen, der von einem Kind an der Hand geführt wird. Das Kind blickt nach links, hinüber zur Stadt Jerusalem. Der rätselhafte Blinde wendet sein Gesicht dem rechts von ihm, im «Osterland» dargestellten Auferstandenen zu, so, als nehme er ihn wahr. Ein brauner Hund zerrt von hinten an seinem Rock, als wolle er ihn am Weitergehen hindern. Eine rätselhafte Darstellung. Eine Beziehung dieses Blinden zu den beiden Figuren über der Geißelung Jesu – Kain mit dem Eselskinnbacken und dem blinden Lamech mit Pfeil und Bogen, der auf der Jagd, von seinem Sohn geleitet, versehentlich seinen Vater Kain erschoß – ist sicherlich beabsichtigt (Micha Josef bin Gorion, Die Sagen der Juden).

Der Blinde ist nicht der einzige, der seinen «Blick» nach rechts richtet; auch ein Soldat, der dem Kind und dem Bogenschützen folgt, im Harnisch, ein Schwert an der Seite, einen kurzen Spieß auf der Schulter, blickt aufmerksam zu dem Auferstandenen vor der Grabestür hin. So, als nehme auch er, bereits am Karfreitag, das Geschehen des Ostermorgens wahr.

Diese beiden sind die einzigen, deren Aufmerksamkeit Memlings Osterwelt gilt. Die anderen, die mit ihnen des Weges ziehen, blicken alle, wie der kleine

Blindenführer, nach links, zur Stadt der Diesseitigkeit. Auch der unheimliche Reiter auf dem schwarzen Pferd, der die beiden gefesselten Schächer hinter sich her zur Hinrichtung zieht, blickt zurück und nimmt nichts von der Befreiung Adams und Evas aus der Gewalt der Hölle direkt neben sich wahr.

Alle diese Menschen sind Grenzgänger, die sich mit verschiedenen Blickrichtungen auf einem Weg zwischen hüben und drüben, zwischen zwei Welten, befinden. Zwischen Vergangenheit und Zukunft in Gleichzeitigkeit. Ein Thema Hans Memlings.

Auch auf seinem Panorama der «Sieben Freuden der Maria» stellt er einen ähnlichen Grenzweg dar. Einen Weg, den die Heiligen Drei Könige auf Weisung des ihnen im Traum erschienenen Engels einschlugen. Bezeichnenderweise ist dieser Grenzweg auf dem Marienpanorama kein Weg der Kreuztragung, sondern lediglich der Heimweg der Drei Könige, nachdem ihre Augen *den Heiland gesehen* hatten. Der Weg der Kreuztragung hingegen ist kein Weg, den ein Engel im Traum zeigt, sondern einer, den zu gehen der kreuztragende Christus jeden Einzelnen auffordert. *Und wer nicht sein Kreuz auf sich nimmt und mir nachfolgt, der ist meiner nicht wert* (Mt. 10, 38).

Hans Memlings Darstellung der Kreuztragung mit ihren vielen Einzelheiten stimmt nicht mit den einfachen Schilderungen der Evangelien überein, weil er den «Kreuzweg» nach Golgatha mit einer Fülle von Bildern mit Tieren und Menschen anreichert. Jedes für sich ist ein Okular, durch das Memling die Geschehnisse, deren Hintergründe und Zusammenhänge deutlicher zu sehen und zu zeigen imstande war.

VIERZEHNTE STATION:

ANNAGELN

ANS

KREUZ

Alle vier Evangelisten berichten von der Kreuzigung Jesu, aber keiner von ihnen hat den Vorgang des Annagelns beschrieben. Dadurch entstanden bei den Theologen Fragen, aus denen sich im wesentlichen zwei verschiedene Vorstellungen über den Ablauf des Kreuzigungsgeschehens bildeten. Die eine besagt, daß Jesus an das bereits aufgerichtete Kreuz geheftet worden sei, die andere, daß er – so stellt Memling es dar – auf das noch am Boden liegende Kreuz genagelt wurde. Die zweite Version bedingt eine spätere Aufrichtung des Kreuzes mit dem daran hängenden Jesus. Rembrandt und Rubens haben eine solche Kreuzaufrichtung gemalt. Memling nicht.

Auf seiner Darstellung stehen viele Zuschauer um die Annagelung Jesu herum. Pilatus und Kaiphas, wie auch der römische Hauptmann mit seinem Untergebenen, sind zu Pferde erschienen. Viele andere sind zu Fuß gekommen. Auch die vier Schergen, die eigentlich «handelnden Personen», die damit beschäftigt sind, den auf dem Kreuz am Boden Liegenden festzunageln. Sie haben ihm sein «unteilbares» Gewand ausgezogen und links vom Kreuz auf den Boden geworfen. Auf den Augenblick des Annagelns hatten sie gewartet, seit sie neben dem zusammengebrochenen Jesus, mit ihren Hämmern in den Händen, unter dem Stadttor gestanden hatten. Ihre Arbeit dauerte nicht lange. Drei Nägel einzuschlagen, zwei in die Hände, einen in die übereinandergelegten Füße, brauchte nur kurze Zeit. Auch das talarartige Gewand Jesu war rasch ausgezogen.

Dieser kurze Gewaltakt des Annagelns, den man gewiß als das eigentliche «Kreuzigen» bezeichnen kann, hat – als die vierzehnte Station auf Memlings Panorama – besondere Bedeutung. Memling läßt ihn auf der Schädelstätte Golgatha geschehen, die er auf seinem Bild dreimal darstellt. Oder sollte man sagen viermal? Denn links neben dem Hügel der Kreuzigung malt Memling einen Berg, auf dem drei «lebendige» Bäume stehen, die noch nicht zu Kreuzen aus totem Holz verarbeitet sind. Sie erinnern an die drei Akazien Johann Valentin Andreaes, die er in seiner «Chymischen Hochzeit des Christian Rosenkreutz» beschreibt.

Einfach als Golgatha-Hügel zu erkennen sind die beiden Berge am Horizont mit ihren jeweils drei Kreuzen. Der eine mit der Kreuzigung Christi und rechts daneben der andere mit der Kreuzabnahme. Davor dann ein dritter Golgatha-Berg, auf dem das Kreuz noch am Boden liegt, an das der entkleidete Jesus mit weit ausgebreiteten Armen festgenagelt wird. So, als würde mit ihm der Erdenleib bekreuzigt.

In der vorchristlichen wie auch in der christlichen Tradition, bis hin zur Zeit Memlings, galt Golgatha als Mittelpunkt der Erde. Als der Ort, an dem Adam, dem göttlichen Willen gemäß, von Melchisedek und Sem, dem ältesten Sohn Noahs, begraben wurde. Als Noah, so heißt es, seinen Tod nahen fühlte, habe er Adams Leichnam, den er in der Arche mitgeführt hatte, den beiden übergeben. Und ein Engel leitete sie an die Stätte Golgatha. «Und als sie nach Golgatha kamen, welches der Mittelpunkt der Erde ist, zeigte der Engel Sem diesen Ort. Und als Sem den Leichnam unseres Vaters Adam oberhalb dieses Ortes niedergesetzt hatte, da gingen vier Teile auseinander und die Erde öffnete sich in Gestalt eines Kreuzes und Sem und Melchisedek legten den Leichnam Adams hinein. Und sobald sie ihn hineingelegt hatten, bewegten sich die vier Seiten und umschlossen den Leichnam unseres Vaters Adam, und es schloß sich die Tür der äußeren Erde. Und derselbe Ort ward Schädelstätte genannt, darum daß dort das Haupt aller Menschen hingelegt wurde; und Hochpflaster, weil darauf der Kopf der bösen Schlange zertreten wurde, welcher der Satan ist; und Gabbatha, weil in ihm alle Völker versammelt wurden» (Carl Bezold, Die Schatzhöhle).

Diese Bekreuzung des «Mittelpunktes der Erde» macht Hans Memling auf seinem Bild für den Betrachter sichtbar, indem er ihn aus der Vogelperspektive, «von oben», auf das sich in der Horizontalen abspielende Geschehen hinabblicken läßt. Der Bildbetrachter und auch die gemalten Zuschauer stehen «über» dem Kreuz.

Erst nach der Aufrichtung des Kreuzes – aus der Horizontalen in die Vertikale – ändert sich alles. Erst danach können alle nur noch «unter» dem Kreuz stehen und zu dem nun «erhöhten» Herrn aufblicken. Er berührt die Erde nicht mehr und stirbt zwischen Himmel und Erde. Erst mit der Grablegung kommt der Leib Christi wieder mit der Erde in Berührung. Die Nägel sind gezogen.

Bei der Annagelung ans Kreuz wurden ihm vier Wundmale durch vier Schergen beigebracht. Von den fünf Wundmalen also, den Stigmata, die der Leib des toten Jesus trug und später der Leib des Auferstandenen, wurden ihm vier, als er – noch lebend – auf dem Kreuz auf der Erde lag, beigebracht. Die fünfte Wunde, die Seitenwunde, erst durch den Speer des Longinus, als er – schon tot – am Kreuze hing. Durch diese Wunde schoß das Blut auf die Erde. Und die Erde nahm das Blut Christi auf, wie sie einst das Blut Abels aufgenommen hatte. *Ihr seid gekommen [...] zu dem Mittler des neuen Gottesbundes, Jesus, und zu dem Blut der Besprengung, das besser redet als das Abels,* heißt es im Hebräerbrief (Hebr. 12, 22 und 24).

Christi Blut tropfte schon als blutiger Schweiß von seiner Stirn, als er im Garten Gethsemane betete, auch aus den Wunden der Geißelung und der Dornenkrönung. Es floß aus den vier Wunden an seinen Händen und Füßen und schoß hervor aus der geöffneten Seitenwunde, als sein Leib noch am Kreuz hing.

Memlings Darstellung der Kreuzannagelung stimmt selbstverständlich im Typus mit denen der anderen Maler in den Niederlanden und den deutschen

Gebieten überein. Die Zeitgenossen Memlings entdeckten zudem Beziehungen zwischen den einzelnen Geschehnissen um das Kreuz. So sahen sie eine Entsprechung zwischen Kreuzaufrichtung und Kreuzabnahme, zwischen einem Hinauf und einem Hinab, wie auch eine zwischen der Annagelung des noch lebenden Jesus an das Kreuz am Boden und der Bettung des vom Kreuz herabgeholten toten Leibes in das «Grab der Erde».

Die Mitte zwischen diesem Hinauf und Hinab ist die Kreuzigung mit dem eintretenden Tod Jesu und den von den Evangelisten berichteten Ereignissen unter dem Kreuz. Dem Lanzenstich des sehend werdenden blinden Longinus und dem den Gottessohn erkennenden römischen Hauptmann. Das Ziel beim Gang durch die Geschehnisse des Karfreitags auf Memlings Bild ist die Kreuzigung. Nur läßt er den Betrachter dabei eine merkwürdige Erfahrung machen, nämlich die, daß er sich, zusammen mit den gemalten Figuren des Bildes, «auf den Weg macht» und mit ihnen, der Memlingschen Perspektive angepaßt, größer oder kleiner wird. So muß er sich auf dem Weg von dem zusammengebrochenen Jesus unter dem Stadttor bis hin zur Kreuzigung am fernen Horizont perspektivisch immer kleiner machen, um den Weg nach Golgatha mitgehen und sich aufrecht unter das Kreuz des erhöhten Herrn stellen zu können.

FÜNFZEHNTE STATION:

KREUZIGUNG

Und nach der sechsten Stunde ward eine Finsternis über das ganze Land bis um die neunte Stunde. Und um die neunte Stunde rief Jesus laut und sprach Eli, Eli, lama asabthani! das ist verdolmetscht: Mein Gott, mein Gott, warum hast du mich verlassen!, so heißt es bei Matthäus und Markus (Mt. 27, 45f.; Mk. 15, 33). Lukas fügt noch hinzu (Lk. 23, 45): *Und die Sonne verlor ihren Schein und der Vorhang des Tempels zerriß mitten entzwei.* Das alles geschah begleitet von einem Erdbeben, das den Golgatha-Felsen spaltete. *Und die Erde erbebte und die Felsen zerrissen und die Gräber taten sich auf. [...]*

Über Memlings Kreuzigungshügel mit seinen drei Kreuzen hat die Sonne längst ihren Schein verloren, und die schwarze Finsternis war um die neunte Stunde bereits hereingebrochen, denn Longinus mit der Lanze reibt seine Augen, weil das Blut aus der Seitenwunde Christi schon in sie geflossen war, und der römische Hauptmann weist bereits hinauf zum Gekreuzigten und spricht: *Wahrlich, dieser ist Gottes Sohn gewesen!* Und Christus hat nach den «sieben Worten vom Kreuz» sein *Es ist vollbracht!* ausgesprochen, hat sein Haupt geneigt und ist gestorben. Er hat sein Ziel erreicht.

Johannes als der wichtigste Zeuge dieser Stunde berichtet genau, was er gesehen hat, daß, als Longinus dem Christus mit dem Speer in die Seite stach, sogleich Wasser und Blut aus der Wunde flossen. Das sichere Zeichen dafür, daß er schon tot war. Eine betonte Aussage gegen die Gerüchteverbreiter der damaligen Zeit, jene bewußten Feinde Christi, die von Scheintod sprachen, um zu beweisen, daß von Todüberwindung und Auferstehung nicht die Rede sein könne. Zugleich macht Johannes darauf aufmerksam, daß die Soldaten dem Gekreuzigten, weil er schon tot war, die Knochen nicht zerbrachen, wie den beiden anderen Gekreuzigten neben ihm. Dazu zitiert Johannes das Passah-Mahlgebot des Moses, daß dem Passah-Lamm *kein Bein* gebrochen werden darf (2. Mos. 12, 46), und bekennt damit, daß er in Jesus das zum Passah-Fest geopferte «Lamm Gottes» sieht, *das die Sünde der Welt auf sich nimmt* (Joh. 1, 29). Das Lamm, in dessen Leib gestochen wurde, wie der Prophet Sacharja es vorausgeschaut hatte: *Und sie werden mich ansehen, welchen sie zerstochen haben* (Sach. 12, 10). Durch diese beiden Zitate sucht Johannes das nun vollendete Leiden und Sterben Christi als die Erfüllung des von Gott geplanten Erlösungswerks zu bestätigen.

Hans Memling malt auch die nach dem Todesaugenblick noch unter dem Kreuz Gebliebenen, Johannes und die drei Frauen, die Mutter Jesu, Maria, die Frau des Kleophas und Maria Magdalena. Dazu Longinus mit der Lanze, den Centurio auf dem Schimmel und seinen Untergebenen auf einem braunen Pferd. Zwischen beiden steht eine nicht erkennbare Gestalt. Alle, außer Johannes und den drei Frauen, haben bald das Kreuz verlassen, wie auch die vier Kreuzannagler, die sich wegen des unteilbaren Rocks, etwas abseits vom Kreuz, gegenseitig umzubringen trachten. Nach dem Tode Christi waren alle Spötter und Verhöhner, Hohepriester und Schriftgelehrten fortgeeilt, um voller Genugtuung ihr hohes Passah-Fest zu feiern. Auf Memlings Bild kehren Pilatus, Kaiphas und der merkwürdige Schwarze nach Jerusalem zurück, dorthin, wo ein Affe auf dem Dache sitzt.

Nach Markus bleibt die Frage offen, ob Pilatus überhaupt unter dem Kreuz gestanden hat, denn nach Markus wunderte sich Pilatus, daß Jesus schon tot war, als Joseph von Arimathia ihn um den Leichnam bat (Mk. 15, 44).

SECHZEHNTE STATION:

KREUZABNAHME

Wie eine andere Welt erscheint der Kreuzabnahmehügel auf Memlings Bild rechts neben dem Kreuzigungshügel. Unter dem Kreuz sind, außer Johannes und den drei wehklagenden Frauen, die drei Männer zu sehen, die den Leib Christi aus dem Bereich «zwischen oben, zwischen unten» auf die Erde herunterholen: Joseph von Arimathia, Nikodemus und ein Gehilfe.

Auf entsprechenden Darstellungen der Kreuzabnahme vor Memlings Zeit vollzogen nur zwei Männer die Abnahme Jesu vom Kreuz, Joseph von Arimathia und Nikodemus. Noch früher sogar nur Joseph von Arimathia allein, wie es die Synoptiker darstellten. Der dritte Mann, den Hans Memling auch auf seinen anderen Darstellungen der Kreuzabnahme malte, ist eine Erfindung seiner Tage, ein notwendiger Gehilfe.

Joseph, den Luther einen «ehrbaren Ratsherrn» nannte, weil er zum jüdischen Synedrium, dem Hohen Rat, gehörte, ist in allen vier Evangelien als der bekannt, der den Leib Jesu vom Kreuz abnahm. Nikodemus jedoch, der zu Jesus *bei der Nacht* kam (Joh. 3, 2), wird nur bei Johannes als der zweite genannt, der an der Kreuzabnahme und auch an der Grablegung beteiligt war.

Joseph wird im Johannes-Evangelium als Jünger Jesu bezeichnet, *doch heimlich, aus Furcht vor den Juden.* Ähnliches gilt auch für den Pharisäer Nikodemus, den *Lehrer von Israel*, der es wagte, vor dem Hohen Rat auf ein gerechtes Gericht für Jesus zu dringen, und deswegen von allen angegriffen wurde (Joh. 7, 50f.). Diese beiden «heimlichen Jünger» waren mit Johannes und den drei Frauen zur Stelle, als die versagenden Apostel Jesu längst geflohen waren. In den letzten Stunden des Karfreitags, als der Tod Christi bereits eingetreten war, traten sie aus ihrer Heimlichkeit heraus und bleiben darum unvergessen. Sie sind die, die einst für den am Kreuze Hängenden das Nötige taten, als sie seinen erhöhten Leib zur Erde brachten.

Um Joseph und Nikodemus herum entstanden vielerlei Legenden, die in apokryphen christlichen Schriften auftauchten und schließlich, weit über ihre Lebenszeit hinaus, von ihren Schicksalen und ihrer fortdauernd möglichen Gegenwart berichten. Wobei nicht vergessen werden darf, daß es sich bei diesen beiden Christusjüngern um historische Persönlichkeiten handelt, wie auch bei dem Soldaten Longinus mit der Lanze. Über sie alle, auch über Pilatus, gibt es Berichte, in denen, ähnlich wie in mittelalterlichen Dichtungen, legendenhaft manches über diese Personen und ihre Schicksale ausgesagt wird, was dem kritischen Blick eines Historikers nicht unbedingt standhält, auch wenn es wahr ist. So etwa wird von Joseph von Arimathia in der Gralssage erzählt, daß er nicht nur den Leib Christi vom Kreuz abgenommen, sondern vorher schon das vom Kreuze aus der Seitenwunde fließende Blut in der Schale des heiligen Abendmahles aufgefangen habe, um es zu bewahren. Sie war der Legende nach aus dem edelsten Stein der Krone des gestürzten Luzifer gemacht. Auch die Lanze taucht in der Gralssage als «heilig» auf, weil sie den Leib des Herrn berührt hatte.

Der Gral hat auch mit Memlings Stadt Brügge zu tun. Um 1180, als Chrétien de Troyes seinen «Perceval» verfaßte, wurde nämlich eine Heiligenblutsreliquie mit angeblich von Joseph von Arimathia aufgefangenem Blut Christi in die Stadt gebracht. Sie wird bis heute in der Heiligenblutskapelle verehrt. Zweifellos hat Memling sie gekannt, auch wenn schwer zu sagen ist, was ihm Reliquien, insbesondere Blutsreliquien, bedeutet haben. Denn gerade zu seinen Lebzeiten stritten Dominikaner und Franziskaner heftig über den Wert solcher Reliquien, weil die Meinung aufgekommen war, daß das ganze auf Golgatha vergossene Blut Christi – und somit auch das von Joseph aufgefangene – nach der Auferstehung restlos in den Leib des Auferstandenen zurückgeflossen sei, womit auch die Blutsreliquie in Brügge ohne Wert gewesen wäre.

Das alles spielt selbstverständlich in Memlings «Passionspanorama» keine Rolle. Auch nicht auf seinen anderen Bildern von der Kreuzabnahme, auf denen Joseph und Nikodemus den Leib Christi in ihre Arme aufnehmen. Memling stellt auf diesen Bildern zwei Heilige dar, denen man immer wieder zu begegnen suchte, nicht nur in den letzten Stunden eines jeden Karfreitags nach der neunten Stunde, wenn man daran gedachte, daß der Tod Christi bereits eingetreten und schon alles vorbei war. Das galt selbstverständlich auch für andere Heilige. Sonst hätte Memling nicht so viele Aufträge für Heiligenbilder erhalten. Denn selbst noch in seinem Jahrhundert waren solche Bilder Orte, an denen man Begegnungen mit Helfern und Fürsprechern suchte, die dem Himmel genehm waren, vor allem, wenn sie elegant und schön waren wie Memlings Katharinen, Ursulas und Barbaras und zudem fürstlich aufzutreten wußten.

Ein allerdings noch konkreterer Ort für die Begegnungen mit Heiligen, vor allem aber mit den Taten und Leiden Christi, war die heilige Messe, die für die Gläubigen des Mittelalters als kurzgefaßte Wiederholung der dreimal vierundzwanzig Stunden des «Triduum Sacrum» galt. In den Ablauf der Messe gehörten als Mithandelnde solche Gestalten wie Joseph von Arimathia und Nikodemus, selbstverständlich vertreten durch den die Handlung verrichtenden Priester, der für die beiden so nötig war wie sie selber einst für den Gekreuzigten, damit sein am Kreuz erhöhter Leib vom Kreuz genommen und ins Grab gelegt werden konnte.

Auch für die allegorischen Messeerklärer wie den Alkuinschüler Amalarius von Metz (etwa 780–850) war es selbstverständlich, Joseph von Arimathia und Nikodemus als Mithandelnde bei der Messe anzusehen, als «Herunterholer», wenn der Priester in der sogenannten «kleinen Elevation», am Ende des Wandlungsteiles der Messe, die heiligen Substanzen Brot und Wein nicht nur erhob, sondern auch, bereits gewandelt, «von oben» herabholte wie den Leib des Gekreuzigten bei der Kreuzabnahme auf Golgatha und dann den irdischen, todverbundenen Kommunikanten zur Heilung reichte.

SIEBZEHNTE STATION:

GRABLEGUNG

«Jesus wurde nicht auf dem Verbrecherfriedhof verscharrt, sondern in einem Ehrengrab beigesetzt. Man darf daraus schließen, daß Pilatus und einige jüdische Richter kein ganz ruhiges Gewissen mehr hatten», schreibt Ethelbert Stauffer in «Jesus, Gestalt und Geschichte». Dieser Hinweis entspricht durchaus den bekannten Angaben der Evangelien, daß nämlich ein reicher Angehöriger des Synedriums, eben Joseph von Arimathia, Pilatus um den Leichnam Jesu bat, um ihn zu bestatten, und daß er die Erlaubnis ohne Schwierigkeiten erhielt. Auch, daß Joseph den Gekreuzigten in sein eigenes, in einen Felsen gehauenes Grab legte, in dem vorher noch kein Mensch gelegen hatte, gehört zu einer solchen ehrenvollen Bestattung. Ebenso das Hinzukommen des damals allen bekannten Pharisäers Nikodemus, der an die hundert Pfund Myrrhen und Aloe mitbrachte, sowie die leinenen Tücher, in die sie den Leichnam Jesu einbanden, um ihn so zum Felsengrab im nahen Garten zu tragen. Daß eine solche ehrenvolle Bestattung durch diese beiden überall bekannten Angehörigen des Hohen Rates erfolgte, womit sie sich öffentlich auf die Seite des Gekreuzigten stellten, muß für die Hohepriester ein harter Schlag gewesen sein. Kaiphas und die Seinen standen damit vor vollendeten Tatsachen und verlangten aus diesem Grunde von ihrem Feind Pilatus, daß das Grab des reichen Joseph von Arimathia, in dem sie den Leib Jesu wußten, drei Tage lang bewacht würde. Sie erhielten die Erlaubnis und *versiegelten den Stein.* Ihre Begründung Pilatus gegenüber, nach Matthäus, war die, daß die Wache die Jünger Jesu daran hindern sollte, seinen Leichnam zu stehlen, um später behaupten zu können, er sei auferstanden.

Das geschah bereits am Tag nach dem «Rüsttag», schon an ihrem großen Feiertag, dem Sabbath, nachdem sie auf irgendeine Weise vom Begräbnis Jesu erfahren hatten.

Auf Memlings Bild sieht man Joseph und Nikodemus den in Leinenbinden gewickelten Leichnam Jesu mühsam in das Dunkel des Grabes tragen. Jesu Gesicht ist noch nicht mit einem Schweißtuch bedeckt. Joseph betritt die Finsternis des Todesreiches, Jesus bei den Füßen haltend, rückwärts als erster. Man sieht Joseph und Nikodemus zwar durch die Grabestür in das Reich der Finsternis eintreten, dennoch befindet sich der bewachsene Grabfelsen in einem grünen Land, eben in Josephs Garten vor der Stadt. Um zum Grabe zu kommen, müssen die beiden, auch auf Memlings Bild, von Golgatha her mit dem Leichnam Jesu durch eine Hecke in diese Gartenlandschaft eintreten, in eine ganz andere Welt, einen Garten mit Grab, *nahe bei Golgatha.*

Zur Zeit Jesu betrat man durch «Genath», das «Gartentor», ein damals noch außerhalb der Stadtmauer im Norden liegendes Gartengelände, wo auch die Hinrichtungsstätte Golgatha lag. «In der Nähe des außerhalb der zweiten Nordmauer gelegenen Hügels Golgatha und seit dem Bau der dritten Nordmauer, von dieser eingeschlossen, lag der Garten des Sanhedristen Joseph von Arimathia (Joh. 20, 15; 19, 41), der von einem Gärtner in Stand gehalten wurde (Joh. 20, 15)» (Joachim Jeremias, Jerusalem zur Zeit Jesu).

Joseph, der reiche Grundbesitzer aus dem Ort Arimathia, hatte also im Norden, außerhalb der Stadtmauer, ein Gartengrundstück gekauft, das er durch einen Gärtner bearbeiten ließ. Das wußte Maria Magdalena offenkundig und hielt darum in der Dämmerung des Ostermorgens den Auferstandenen für diesen

Gärtner. Wie Josephs Garten aussah und was ein Gärtner dort zu tun hatte, ist schwer zu sagen. Ganz sicher standen dort Bäume, wahrscheinlich Ölbäume, die nicht nur im Garten Gethsemane, sondern rings um die Stadt herum angepflanzt waren. Ölbäume, wie auch die vielen Weinstöcke, die in der Gegend wuchsen, lieben den Kalkboden. Wahrscheinlich standen auch einige Feigenbäume, deren Früchte sehr beliebt waren, in Josephs Garten. Vielleicht auch Rosen und andere Blumen. Die Hauptsache allerdings in Josephs Garten war sein Grab, nicht eine Ölkelter wie im Garten Gethsemane.

Daß sich reiche Leute und auch Könige in ihren Gärten bestatten ließen, war nicht neu. Schon die Grabanlagen der Pharaonen waren von Gärten umgeben. Auch in den anderen Kulturen der Antike waren überall Gräber in Gärten zu finden. Vielfach galten Gärten auch als Orte, in denen die Hinterbliebenen als Gäste der Verstorbenen ihre Totenmähler feierten. Auch Joseph von Arimathia wollte seinen Leib in einem Gartengrab zur Ruhe legen lassen. Statt dessen betteten er und Nikodemus den Gekreuzigten in dieses Grab, das so zum Ostergrab im «Auferstehungsgarten» wurde.

Wegen der Heiligkeit der Stadt hatten die Rabbiner innerhalb der damaligen Stadtmauern ein Verbot von Gartenanlagen, außer einem Rosengarten, durchsetzen können.

Warum, so kann man fragen, lehnten sie Gärten ab, und warum ließ sich der reiche Ratsherr gerade in einem Garten sein Grab in einen Felsen hauen? Wohl nur, weil beide die Bilder vom Paradies und die Worte der Genesis kannten: *Und Gott der Herr pflanzte einen Garten gegen Osten hin und setzte den Menschen hinein, den er gemacht hatte* (1. Mose 2, 8). Jenen Paradiesgarten, in dem Adam und Eva die Stimme Gottes hörten, *wie er im Garten ging, als der Tag kühl geworden war* (1. Mose 3, 8). Aus dem Paradiesesgarten waren sie bald vertrieben worden, weil sie die Frucht vom Baum der Erkenntnis gegessen hatten, die ihnen der Widersacher des Menschen in Gestalt der Schlange gereicht hatte. So war das Paradies zwar ein von Gott geschaffener Garten, aber einer, in dem zur Prüfung des Menschen auch andere Mächte wirksam waren.

Den Rabbinern in Jerusalem lagen Gärten als Abbilder des Paradieses fern. Für sie war das Paradies Vergangenheit, ihr Tempel war ihnen Gegenwart und Ziel. Anders der reiche Ratsherr. Offenkundig gehörte er zu jenen Leuten, die, wie die Essäer, einen neuen Anfang suchten. Er sah jenseits seines Gartengrabes den Auferstehungsbereich, das Paradies. Von diesem Paradies sprach der am Kreuze hängende Jesus zu dem «guten Schächer»: *Amen, ich sage dir: Heute wirst du mit mir im Paradiese sein!,* nachdem der ihn gebeten hatte: *Herr, gedenke mein, wenn du in dein Reich kommst!* (Lk. 23, 42)

Was hatte Jesus mit «Paradies» gemeint? Eine Welt des Lebens vom Beginn der Schöpfung her? Oder ein Ziel, das Gegenteil von «Scheol», der jüdischen Unterwelt, dem «Nicht-Land», dem Bereich ohne Gott? Oder meinte er den Garten Eden? Das haben sich wahrscheinlich auch all die Menschen gefragt, die neugierig oder höhnend unter dem Kreuz standen und diese Worte Jesu hörten. Für die Sadduzäer, die Hohepriester, deren Vertreter Kaiphas nach dem Gesetz bei der Hinrichtung zugegen sein mußte, war mit dem Tode alles vorbei. Sie konnten sich weder ein Bild von der Auferstehung eines Menschen machen, der nicht mehr Mann oder Frau war, noch vom Eintreten Verstorbener in das Paradies, von dem Jesus zu dem Schächer sprach.

Anders war es für die Pharisäer. Sie glaubten an die Auferstehung, was auch immer sie sich darunter vorstellten. Ihnen waren Begegnungen mit Engeln, wie auch das Erscheinen von Menschen, die bereits zum Himmel aufgefahren waren, wie Henoch oder Elias, selbstverständlich, so daß einer von ihnen vermutete, Jesus habe mit seinem Ruf vom Kreuz *Eli, Eli, lama asabthani!* nach dem Propheten Elias gerufen.

Sicher gab es außer ihnen noch andere, die unter dem Kreuz Jesu Wort vom Paradies hörten und sich dabei den geistigen Bereich vorzustellen suchten, in dem der himmlische Ort «Gan Eden», der Garten der Lust und Freude, zu finden sei.

Für die, die sich auskannten, war die jenseitige Welt, aus der der Messias herabkommen und wieder aufsteigen sollte, über die Wolken des Himmels hinaus, eine vielgegliederte Welt. In ihr war der Garten Eden, das Paradies, der Erde am nächsten. Dieses Wissen tradierte sich auch in das frühe Christentum. So wird im apokryphen Nikodemus-Evangelium, im Verlauf der Höllenfahrt Christi, auch sein Einzug ins Paradies, in den Garten Eden geschildert. Dort findet Christus zwei alte Männer vor, die dort «rechtens» zuhause sind, eben Henoch, den Sohn Kains, und Elias, den Propheten. Beide sind nicht eines irdischen Todes gestorben, sondern von Gott an den Ort des Paradieses erhoben worden. Zu diesen beiden «Urheiligen» tritt im Nikodemus-Evangelium ein dritter hinzu, der «gute Schächer», der das Kreuz auf seiner Schulter trug und erklärte: «Mein Kreuz tragend kam ich also zum Paradiese, fand den Erzengel Michael und sagte zu ihm: Unser Herr Jesus, der Gekreuzigte, hat mich hergeschickt. Führe mich also zum Tor des Gartens Eden! Und da der Engel mit dem blitzenden Schwerte das Zeichen des Kreuzes sah, öffnete er mir und ich ging hinein.» (Apokryphen, Nikodemus-Evangelium)

Das Wort Paradies («Pairidaeza») war auch für die Juden ein Fremdwort. Es stammt aus dem Altpersischen und hat in fast alle Sprachen der Welt Eingang gefunden, als ein Wort, mit dem man einen Ort des Lebens, der Freude und des ewigen Wohlergehens meint.

So hat man überall in der Welt das Einrichten und Gestalten von Gärten als eine Art Wiederherstellung des verlorenen Paradieses empfunden, das ursprünglich von Gott selbst nach göttlichen Ordnungen angepflanzt worden war. Ein Vorbild für alle Gärten. Denn ein Garten ist stets das Gegenteil von Zufälligkeiten, ist niemals wild wachsende Natur, der die ordnende Hand fehlt.

Menschen wie Joseph von Arimathia war vertraut, daß bei der Erschaffung der Welt vor allen anderen Geschöpfen Pflanzen und Bäume geschaffen worden waren und erst danach der Paradiesesgarten. Von der Erschaffung der Pflanzen und Bäume heißt es in der Schöpfungsgeschichte: *Und Gott sprach: Es sammle sich das Wasser unter dem Himmel an besondere Orte, daß man das Trockene sehe. Und es geschah so. Und Gott nannte das Trockene Erde, und die Sammlung der Wasser nannte er Meer. Und Gott sah, daß es gut war. Und Gott sprach: Es lasse die Erde aufgehen Gras und Kraut, das Samen bringe, und fruchtbare Bäume auf Erden, die ein jeder nach seiner Art Früchte tragen, in denen ihr Same ist. Und es geschah so. Und die Erde ließ aufgehen Gras und Kraut, das Samen bringt, ein jedes nach seiner Art, und Bäume, die Früchte da tragen, in denen ihr Same ist, ein jeder nach seiner Art. Und Gott sah, daß es gut war. Da ward Abend und es ward Morgen: Tag Drei* (1. Mose 1, 9–13).

Erst danach wurden Sonne und Sterne geschaffen, die Fische im Meer, die Vögel unter dem Himmel, alle Tiere und zuletzt der Mensch. Und nachdem das alles geschehen war, erst im 2. Kapitel der Genesis, *pflanzte der Herr einen Garten in Eden, gegen Osten hin.* Die Kräuter und Bäume, *jedes nach seiner Art,* waren aber schon da. Darum nahm Gott sie und setzte sie, ihrer Ordnung nach, in seinen Garten. Und dieses Ordnen und Pflanzen versuchten auch die Menschen. Auch sie nahmen die Bäume, Blumen und Kräuter, in denen sie die Kräfte der Schöpfung wirksam erlebten, und ordneten sie mehr oder minder weise.

So auch Joseph der Ratsherr mit seinem Gärtner. Allerdings hat es im ersten Garten Eden kein Grab gegeben. Wohl aber hatte Gott Adam aus Erde gebildet und ihn, als er versagte, in die Welt der Gräber, jenseits der Paradiesespforte, *in diese Welt* vertreiben lassen. Der erste Adam fiel, der neue Adam stieg auf. Er entstieg dem Gartengrab, dem Grab der Erde, in das Joseph und Nikodemus ihn gelegt hatten.

Das hat Hans Memling gemalt. Nicht, wie die Evangelien berichten, daß Joseph den Stein vor den Eingang des Grabes wälzte, und auch nicht, daß die Frauen ihm folgten und sahen, wohin er ihn gelegt hatte. Memlings Karfreitag schließt mit der Grablegung Jesu in Joseph von Arimathias Garten. Danach beginnt der Karsamstag.

ACHTZEHNTE STATION:

HÖLLENFAHRT

Der Karsamstag, der große Passah-Sabbat, konnte beginnen. Vor dem versiegelten Grab in Joseph von Arimathias Garten wachten die von den Hohepriestern dorthin kommandierten Soldaten.

«Der Karsamstag war in der alten Kirche, als Tag der Grabesruhe Christi, ohne Liturgie. Es war ein Tag des strengen Trauerfastens, wodurch die Gedanken der Gläubigen intensiv auf Tod und Grabesruhe Christi ausgerichtet waren» (Adolf Adam, Das Kirchenjahr mitfeiern). Die Glocken schweigen. Der Leib des Gekreuzigten, bewacht von Engeln, ruht im Grab. Zugleich aber ist der Karsamstag gerade das Gegenteil von Ruhe. Der Christus stieg mit aller Kraft hinunter in die Hölle.

«Als Jesus mit einem lauten Schrei seine allerheiligste Seele aufgab, sah ich diese als eine Lichtgestalt mit vielen Engeln, unter denen auch Gabriel war, am Fuße des heiligen Kreuzes in die Erde hinabfahren. Seine Gottheit aber sah ich sowohl mit dieser seiner Seele als mit seinem am Kreuze hängenden Leibe vereinigt bleiben.» So schildert Anna Katharina Emmerich das Hinabfahren der Seele Jesu in die Unterwelt, in die verschiedenen Bereiche der Hölle. Dabei unterscheidet sie zwischen der Gottheit Christi, seiner Seele, die hinabfährt, und seinem Leib, der bald vom Kreuz herabgenommen und in das Grab zur Ruhe gebettet wird.

In der orthodoxen Kirche bezeichnet man die Höllenfahrt Christi als «Anastasis», als Auferstehung, in der Christus den Tod in Gestalt des Hades unter seine Füße trat, den Satan von seinen Engeln fesseln ließ und die ihn im Totenreich Begrüßenden hinausführte. Allen voran Adam und Eva.

Im Westen läßt man es heute gern mit der Begründung des «natürlichen Todes» Jesu bei einem Abstieg in die Vorhölle, den «Limbus», bewenden. Dort in einer recht sanften Hölle erbarmt er sich der «sanften» Sünder, die hier mit Adam und Eva ihr Dasein fristen. Da gibt es keinen siegreichen Abstieg in die tiefste Tiefe, in das Reich Satans mit seinen Dämonen, die vor den mit Christus einziehenden Engelscharen schreiend fliehen, wie Anna Katharina Emmerich berichtet. Sie schildert außerdem eine Begegnung mit Judas in der tiefsten Hölle. Demnach begab er sich also durchaus in den Bereich der Verlorenen, so daß die Frage berechtigt ist, ob es für die nach den Satzungen der Kirche auf ewig Verdammten, für die Todsünder, nicht doch noch eine Möglichkeit der Erlösung gibt. Der Erlöser muß sich nicht unbedingt nach den Gesetzen der Kirchen richten.

Hans Memling beantwortet diese Fragen auf seine Weise, indem er es, wie bei den verschiedenen Golgatha-Hügeln, nicht bei einem Grab bewenden läßt. Er malt drei. Zunächst das Grab der Grablegung in Joseph von Arimathias Garten, wo man durch die Grabestür im Felsen in die Finsternis hinabsteigt. Ein «Karfreitagsgrab». Als zweites ein «Karsamstagsgrab», durch dessen Darstellung Memling die Frage beantwortet, in welche Höllentiefen, seiner Meinung nach, Christus niedergefahren sei. Er malt nämlich einen Christus, der – bereits wieder im Aufstieg – den Höllendrachen mit dem Kreuzstab niederzwingt und dabei Adam und Eva an ihren Händen aus dem Reich der Finsternis und Verdammnis herausführt. Und als drittes gibt es auf dem Bild, zwischen dem «Karfreitags- und Karsamstagsgrab», das «Ostersonntagsgrab». Bei Memling ist die Tür noch geschlossen und versiegelt. Durch sie tritt der Auferstehende zwischen die zu Boden gefallenen Grabwächter. Sie bemerken ihn nicht, weil sie durch das Erdbeben, das Matthäus durch das Herabfahren des Engels des Herrn verursacht sah, außer sich waren, wie tot.

Was der Erzengel angerichtet hatte, daß die Felsen zerbarsten und der Stein zur Seite gewälzt wurde, stellt Memling dem Betrachter mit seiner zweiten Darstellung des Grabes vor Augen. Hier zeigt er, was während der zweiten vierundzwanzig Stunden des «Triduums» in der Unterwelt geschehen war: Die Tür zur Hölle ist niedergelegt – ähnlich wie die beiden zum Kreuz übereinander gelegten Torflügel auf zahlreichen orthodoxen Ikonendarstellungen mit der Auferstehung Christi – und wird zur Brücke für den mit Adam und Eva heraustretenden Christus. Das «Karfreitagsgrab» vermittelt am deutlichsten den Eindruck der hinter allen drei Türen befindlichen Unterwelt, in der jeder, der in sie eintritt, um mit Dante zu sprechen, alle Hoffnung fahren lassen muß. Außer solchen wie Joseph von Arimathia und Nikodemus, die wissen, wohin der Weg dessen führt, den sie von oben, vom Kreuz, herabgeholt haben: vom Felsengrab im Garten in die tiefste Höllentiefe und von dort zurück zum gleichen Felsengrab mit der noch geschlossenen Tür am Auferstehungsmorgen.

Hans Memling hat die heiligen drei Tage verstanden.

NEUNZEHNTE STATION:

AUFERSTEHUNG

Auf Memlings Bild tritt der Auferstandene durch die verschlossene Grabestür heraus, als die Sonne schon aufgegangen ist. Zwar beschreibt Johannes, daß der Auferstandene auch durch eine verschlossene Tür zu den Jüngern eintrat, als sie sich im Coenaculum, aus Furcht vor den Juden, eingeriegelt hatten, aber erst am Abend des Ostersonntags (Joh. 21, 1ff.). Diese Abendstunde hat Memling nicht gemalt. Er hat vielmehr die geschlossene Tür in den Ostermorgen hineingeheimnist und stellt damit schon den sich erst am Abend in seinem neuen Leib frei bewegenden Christus dar.

In der Frühe jedoch war, nach den Evangelien, der Stein beiseite gewälzt, und das Grab war leer. Matthäus berichtet von einem Erdbeben, das der «Engel des Herrn» ausgelöst hatte. Dadurch wurden die Frauen, die zum Grabe kamen, in Angst versetzt, zugleich aber auch in Freude, weil er ihnen verkündete, Jesus sei auferstanden. Dieser Engel, wie es heißt, hatte den Stein von der Grabestür abgewälzt und sich daraufgesetzt. *Und seine Gestalt war wie der Blitz und sein Gewand weiß wie Schnee* (Mt. 28, 3). Dadurch erschraken auch die Grabwächter, gerieten außer sich und waren *wie tot.*

Markus schildert, daß, als die drei Frauen zum Grabe kamen, um den Leib Jesu zu salben, der Stein schon beiseite gewälzt war. Als sie in die Grabkammer eintraten, sahen sie einen Jüngling, der ein langes, weißes Gewand trug und ihnen verkündete, daß der Gekreuzigte auferstanden sei.

Auch Lukas berichtet, daß die Frauen zum Grabe kamen, um den Leib Jesu zu salben, den Stein abgewälzt und das Grab leer vorfanden. Erst danach traten zwei Männer in leuchtenden Gewändern zu ihnen und verkündeten, daß Jesus, so wie er es in den Leidensverkündigungen vorhergesagt hatte, nun, am dritten Tage, auferstanden sei.

Johannes, wie auch Markus und Lukas, schreibt nichts von einem Erdbeben, sondern daß Maria Magdalena schon in der allerersten Morgenfrühe, als es noch dunkel war, zum Grabe kam und entdeckte, daß der Stein zur Seite gewälzt war, und daß sie sogleich zu den Jüngern lief, zu Simon Petrus und dem Jünger, den Jesus liebte, und ihnen sagte: *Sie haben den Herrn weggenommen aus dem Grabe, und wir wissen nicht, wo sie ihn hingelegt haben* (Joh. 20, 2).

Damit nahmen die besonderen Ostererlebnisse der Maria Magdalena ihren Anfang. Ihr, der Schwester des auferweckten Lazarus, waren Grab und Verschlußstein bestens vertraut. Hatte sie doch mit ihrer Schwester Martha vor dem Grab ihres Bruders gestanden, als auf Jesu Geheiß der Stein vom Grab genommen und der Verstorbene noch in Todesbinden aus dem Grab herausgekommen war. Ein Erlebnis, das zweifellos vor ihr stand, als in der Frühe des Ostermorgens wiederum ein Stein vom Grabe gewälzt worden war, nur daß sich in der Grabestür kein in Binden Gewickelter zeigte.

Maria Magdalena suchte am Ostermorgen nicht nach einem vom Tode Erstandenen, sondern nach dem Leib eines Toten, des Gekreuzigten. Nicht anders die beiden Jünger, die zum Grabe liefen, dort zwar wohl die Leinenbinden und das Schweißtuch vorfanden, nicht aber den Leib Jesu. Sie kehrten ratlos um, weil sie, wie das Evangelium ihr Verhalten erklärt, *noch nicht die Schrift kannten, daß er von den Toten auferstehen müsse* (Joh. 20, 9). Der Platz zwischen den Tüchern, das Grab, war leer.

Der Jünger, den der Herr liebte, der kein anderer war als Lazarus, der mit seinem Apostelnamen Johannes hieß – nicht zu verwechseln mit dem Zebedäiden Johannes –, kannte aus eigener Erfahrung das verlassene, «das leere Grab». Hatte er doch selbst in einem Grab gelegen und war mit dem Hierophantenruf *Lazare, komm heraus!* herausgerufen worden. Darum wußte er sogleich, daß auch aus dem Grab in Joseph von Arimathias Garten einer herausgetreten sein mußte. Und er fing an zu glauben, weil der, den er suchte, in seinem Inneren zu leben anfing. Ein anderer als er selbst, im Sinne des Paulus: Nicht ich, sondern Christus in mir.

ZWANZIGSTE STATION:

NOLI ME TANGERE

Als die beiden Jünger das Grab verlassen hatten, blickte auch Maria Magdalena hinein und sah dort zwei Engel. Den einen *zu Füßen*, den anderen *zu Häupten*, dort, wo Joseph von Arimathia und Nikodemus den Leib Jesu hingelegt hatten. Danach hatte Joseph den Stein vor den Eingang des Grabes gewälzt und so, mit Menschenhänden, das Tor zum Totenreich geschlossen. Jetzt aber hatten nicht Menschenhände den Stein vom Grabe gewälzt, sondern die Elementargewalten des Erdbebens, deren sich der Engel des Herrn bedient hatte, um den Weg für den Auferstehenden freizumachen. Die Stunde der Engel hatte geschlagen.

Gewiß muß der Evangelienleser sich fragen, was die Engel im Grabe zu tun hatten. Was war ihre Aufgabe, während sie, nach Anna Katharina Emmerich, ohne Flügel, in Priestergewändern, zu Häupten und zu Füßen saßen, wo der Leib Jesu gelegen hatte? Alle nämlich, die am Geschehen der drei Tage beteiligt waren, hatten das ihre zu tun. Alle: Judas, Pilatus, Kaiphas und Longinus, wie auch Johannes, die Frauen, Joseph von Arimathia und Nikodemus. Vor allem aber auch jene, die nur in besonderen Situationen aus ihrer Unsichtbarkeit herauszutreten hatten, um für bestimmte Menschen sichtbar zu werden: Engel und andere der himmlischen Heerscharen. So auch die beiden Engel, die im Gartengrabe Josephs von Arimathia, zu Häupten und Füßen Jesu, ihren Platz einnahmen. Auch diese Engel, als Diener ihres Herrn, hatten das ihre zu tun. Sie waren Teil eines Organismus aus Leib und Seele, dessen Haupt Christus war. Sie, wie auch die Bereitwilligen unter den Menschen, waren dessen Glieder. Dabei hatten die unsichtbaren Wesen in den drei Tagen anderes zu tun als die im Leibe Befindlichen, die Menschen.

Vielen der Menschen war Jesus im Leibe begegnet, aber nur wenige hatten erkannt, wer er wirklich war. Einer dieser wenigen war Nathanael, der sagen konnte: *Rabbi, du bist Gottes Sohn, du bist der König von Israel!* und zur Antwort erhielt: *Von nun an werdet ihr den Himmel offen sehen und die Engel hinauf- und hinabsteigen auf den Sohn des Menschen* (Joh. 1, 49–51). Das erlebte Maria Magdalena, als sie den Leib Jesu suchte, den sie gesalbt hatte, und statt dessen zwei Engel fand, die mit ihm ins Grab hinabgestiegen waren. Gewiß war sie nach allem, was sie erlebt hatte, hellwach, sogar überwach, aber im alltäglichen Sinne nicht «bei sich», sondern «außer sich». Sonst hätte sie keine Engel gesehen und mit ihnen geredet. Die beiden Jünger, die sie zum Grab gerufen hatte, haben die Engel nicht gesehen, statt dessen die Tücher, in die der Leib Jesu gewickelt war, und das Schweißtuch, das um sein Haupt gebunden war. Maria Magdalena hat die beiden Engel gesehen und ihre Worte gehört, ohne deren eigentliche Aufgabe, deren Handeln und Wirken zu verstehen. Nämlich als Hüllen um Haupt und Füße, um die Verbindung der bis in die Hölle hinabgefahrenen Seele Christi mit seinem im Grabe liegenden Leibe zu erhalten. Zu dem Leib, der in der Stunde des Ostermorgens zum Auferstehungsleibe wurde.

Die Trennung von Leib, Seele und Geist Christi bei seinem Tode wie auch das Wieder-Einswerden der drei Wesensglieder im Laufe des Ostertages schildert Anna Katharina Emmerich sehr genau: «Ich sah die Erscheinung der Seele Jesu, wie einen großen Glanz zwischen zwei kriegerischen Engeln, von vielen Lichtgestalten umgeben von oben durch den Grabfelsen auf seinen heiligen Leichnam niederschweben, und es war, als beuge sie (die Seele) sich über denselben und zerschmelze mit ihm, und nun sah ich die Glieder sich in der Einhüllung bewegen und sah den leuchtenden lebenden Leib des Herrn, mit der Seele und Gottheit durchdrungen, wie aus der Seite der Leichenverhüllung hervorgehen, als steige er aus der Seitenwunde hervor.»

Diesen Augenblick, in dem der Auferstehende wieder, von den Häupten bis zu den Füßen, in den Lebenskräftebereich einzieht, erlebt Maria Magdalena, ohne ihn zu verstehen. Sie hielt den Auferstandenen für den Gärtner. Da sie an ihm keine Wundmale sah, erkannte sie ihn erst, als er sie bei ihrem Namen nannte.

Alles, was dann bis zum Abend des Ostersonntags geschah, als er den Jüngern im Leibe erschien und ihnen seine Wundmale zeigte, ist eine Art Spiegelbild dessen, was sich in der Nacht des Karfreitags im Garten Gethsemane abgespielt hat. Da hatte sich der Christus mit seinem eigentlichen, seinem göttlichen Wesen, wie Anna Katharina Emmerich es ausdrückt, mehr in den Bereich der Heiligen Dreifaltigkeit zurückgezogen, um als Mensch sterblich zu werden. Am Ostersonntag kam er in seinen Leib und damit in die Welt der Menschen zurück, damit auch sie einmal durch ihn unsterblich werden können.

Bei seinem Tode befahl er seinen Geist in die Hände seines Vaters, während sein Leib der Erde übergeben wurde. Allerdings in ein Grab, in dem noch nie ein Mensch gelegen hatte und das am Ostermorgen leer war.

Auch Maria Magdalena blickte in die Geheimnisse des Auferstehungstages hinein. Für Hans Memling gehörte sie zu den ihm am meisten vertrauten Gestalten der Evangelien. Er hat sie oft gemalt. Immer kostbar gekleidet, manchmal mit dem Salbgefäß in der Hand, unter dem Kreuz klagend, mit der Mutter Jesu und anderen weinenden Frauen, bei der Kreuzabnahme mit Joseph von Arimathia und Nikodemus. Auch die «Noli-me-tangere-Szene», ihren Versuch, die Füße des Auferstandenen zu umarmen, findet man einige Male auf seinen Bildern. Auf dem «Passionspanorama» sieht man den Auferstandenen und Maria Magdalena hinter der schon erwähnten Hecke aus dichten Büschen, jenseits der bewachsenen Grabhügel. Die beiden wirken dabei wie zwei Sich-auf-dem-Weg-Befindende. Er sagt zu der vor ihm Knieenden: *Gehe aber hin zu meinen Brüdern und sage ihnen: Ich fahre auf zu meinem Vater und zu eurem Vater, zu meinem Gott und zu eurem Gott* (Joh. 20, 17). Er befindet sich auf dem «Weg nach oben», sie auf dem Weg zu seinen Brüdern.

Als Maria Magdalena den Jüngern von ihrer Begegnung mit dem Auferstandenen berichtete, waren sie ratlos. Und so verging der Tag, bis der Auferstandene – von seinem Vater zurückkommend – in der Abendstunde in ihre Mitte trat, mit Händen berührbar, und ihnen den Heiligen Geist mitteilte. Erst da war der Auferstehungsleib vollendet, die Einswerdung von Leib, Seele und Geist Christi. Im Johannes-Evangelium fallen Ostern und Pfingsten auf einen Tag.

EINUNDZWANZIGSTE STATION:

EMMAUS

Die beiden Jünger auf ihrem Gang nach Emmaus, den nur Lukas schildert, zu denen sich als dritter, zunächst unerkannt, der Auferstandene gesellt, hat Memling immer wieder in seine Bilder hineingebracht, wobei keine dieser Darstellungen der anderen gleicht.

Auf dem Passionstableau läßt er die drei auf einen Ort zugehen, hinter dem gerade die Sonne untergeht, ganz dem Lukas-Wort entsprechend: *Herr, es will Abend werden und der Tag hat sich geneiget* (Lk. 24, 29). Zugleich allerdings – wieder eine von Memlings «Zaubereien» – ist diese sinkende Abendsonne auch die aufgehende Morgensonne für die unmittelbar daneben dargestellte Szene des Frühmahls am See Tiberias, an dessen Ufer der Auferstandene die vom nächtlichen Fischfang heimkehrenden Jünger empfängt (Joh. 21, 1–14).

Bezeichnend für das Ostererlebnis der beiden Jünger auf ihrem Weg nach Emmaus war, daß sie in dem, der ihnen erschien, nicht sofort den ihnen vertrauten Jesus erkannten. Seine Erscheinung nach der Auferstehung muß also eine sehr andere gewesen sein als vorher. Erst am Brotbrechen, als sie mit ihm in Emmaus zu Tische saßen, erkannten sie ihn. Und in dem Augenblick, als sie begriffen, daß er es war, der mit ihnen am Tische saß, verschwand er auch schon. Und sie liefen nach Jerusalem zurück, um den anderen Jüngern zu sagen, daß sie den Herrn gesehen hatten. Während sie zurückliefen, ging ihnen im Erinnern auf, was der Unbekannte ihnen klarzumachen gesucht hatte: *Mußte denn der Christus nicht das alles leiden und so in seine Herrlichkeit einziehen?* (Lk. 24, 26) Hatte er ihnen doch anhand der heiligen Schriften, an Moses und den Propheten, all die notwendigen Schritte seines Weges zum Kreuz aufgezeigt und die Logik, die in dem allen lag, nachgewiesen.

Hans Memling hat diese Methode sehr wohl verstanden, denn es war die gleiche, die er in seinen Panoramabildern immer wieder angewandt hat, indem er durch den Überblick, den er verschaffte, dazu verhalf, den Sinn und den Zusammenhang des Ganzen zu verstehen.

Die beiden nach Jerusalem zurückgekehrten Emmaus-Jünger waren dann auch dabei, als der Auferstandene durch die verschlossene Tür in den Kreis der Jünger eintrat, sie mit *Der Friede sei mit euch!* begrüßte, ihnen seine Wundmale zeigte und vor ihren Augen Fisch und Honig aß, um ihnen die «Leibhaftigkeit» seines neuen Leibes zu beweisen (Lk. 24, 36ff.).

«Es versteht sich von selbst», schreibt Lauenstein in seinem Buch «Das Geheimnis des Wals», «daß der auf wunderbare Weise empfangene Jesus und erst recht der durch den Tod gegangene Christus mit Sinnlichkeit nichts zu tun hatte. Auferstehung meint aber doch den Leib und solcher hat Form und Substanz; das ist sein Wesen.» Einige Sätze weiter heißt es: «Einmal aß er selbst ein wenig zum Zeugnis dafür, daß er einen Leib habe. Wenn er erschien, wußte niemand, woher er kam; und entsprechend war sein Verschwinden; er kam bei verschlossenen Türen (Joh. 20, 19). Er war gegenwärtig nur, wenn er sprach oder etwas tat; nie sah ihn jemand schlafen, was aus seinem Leben im Fleische durchaus erzählt wird» (Mt. 8, 24).

Was für ein «Essen» beschreibt Lukas?

Dazu schreibt Lauenstein: «Paulus, Lukas' Lehrer, nennt den Auferstandenen *den Erstgeborenen von den Toten* (Kol. 1, 18). Er war auch lange vor dem ersten Adam schon *das Ebenbild des unsichtbaren Gottes, der Erstgeborene vor aller Kreatur. Denn durch ihn ist alles geschaffen, was im Himmel und auf Erden ist, das Sichtbare und das Unsichtbare […]* (Kol. 1, 26). Den Erzählungen der Evangelisten von der Auferstehung Jesu entspricht in der Bibel also spiegelbildlich der erste Schöpfungsbericht, in welchem die Gottesworte stehen: *Lasset uns den Menschen machen, ein Bild, das uns gleich sei* (1. Mose 1, 26).»

Anna Katharina Emmerich beschrieb unter den vielen Bildern, die sie von der ersten Schöpfung wahrnahm, auch Adam und Eva vor dem Sündenfall im Paradies: «Ich habe (an Adam und Eva) keinen Magen, kein Essen wie unser Essen gesehen. Die Früchte wurden genossen, wie wir die Sonne und den Mond genießen. Sie waren auch alle schimmernd und leuchtend. Die Früchte vom verbotenen Baum aber brachten das jetzige Essen und zeugten die ganze gefallene Werkstätte in den Menschen.»

Diese Beschreibung des sich nährenden Urmenschen, des «ersten Adams», ist vergleichbar mit dem essenden Auferstandenen des Lukas-Evangeliums. Auch bei ihm handelt es sich nicht um ein Essen wie bei einem an Verdauung und Ausscheidung gebundenen normalen Menschen, sondern um eine andere Art des Genährtwerdens, die Anna Katharina Emmerich aus eigener Erfahrung – vergleichsweise – gut kannte, da die heilige Kommunion längere Zeit hindurch die einzige Nahrung war, die sie aufnehmen konnte.

Lauenstein zitiert diese Schilderungen der Anna Katharina Emmerich in seinem Buch «Der Messias» und macht damit das durch Lukas geschilderte Verhalten des Auferstandenen im Kreis der Jünger verständlich. Der «erste Adam» und der «letzte Adam» entsprechen einander, mit dem Unterschied, den Paulus im Korintherbrief deutlich macht, daß *der erste Mensch, Adam, zu einer lebendigen Seele* wurde und *der letzte Adam zum Geist, der lebendig macht* (1. Kor. 15, 45).

In dem Buch «Das Geheimnis des Wals» weist Lauenstein auf den Schöpfungsbericht der Genesis hin, mit den darin enthaltenen «zweimal drei Schöpfungstagen», die er zwei «Triduen» nennt, und folgt in seiner Betrachtung dem

Kabbalisten Friedrich Weinreb, dessen Darstellungen, wie er sagt, «auch für den modernen Menschen hilfreich sein können».

In seinem Buch «Der göttliche Bauplan der Welt» beschreibt Weinreb vier Weltbereiche. Einen oberen, «nahe bei Gott», über dem die «Krone», die reine Geistsphäre Gottes steht. Aus ihr wirkt der Geist Gottes, der über dem «Urgewässer» brütete. Mit dem Beginn der «Schöpfungswoche» folgt als erstes eine Periode von «drei Tagen», das erste Triduum, in dem das Licht geschaffen und die übrigen Elemente geschieden wurden (1. Mose 1, 3–13). Das zweite Triduum (1. Mose 1, 14–31) brachte die Bildung der Geschöpfe, unter denen der Mensch als letzter Gestalt durch Gottes Schöpferwort empfing. Nach den beiden Triduen, den sechs Schöpfungstagen, folgt dann der «siebte Tag», eine vierte Welt, das «Königreich», die Welt des Tuns oder der Tat. Ein Bereich, in den jedoch der «Fürst dieser Welt» Eintritt fand.

1. Die Welt nahe bei Gott. Darüber die Krone.
2. Die Welt der Schöpfung, der Scheidungen (erstes Triduum).
3. Die Welt der Formung, der Formwerdung (zweites Triduum).
4. Die Welt des Tuns, das Königreich.

Bis dahin folgt Lauenstein dem Kabbalisten Weinreb. Dann fährt er fort: «Christus hat durch Tod und Auferstehung den Fürsten dieser Welt ausgestoßen (Joh. 12, 31), d. h. er hat ihn aus dem Königreich vertrieben und hat es Gott zurückgegeben.» «Der Auferstandene», heißt es weiter, «bewegt sich frei zwischen den vier Werdestufen der Welt. Auch in denen ist er zuhause, welche dieser Stoffeswelt vorausgingen und ihr immerwährend zugrunde liegen. [...] Die Elemente der zweiten Weltstufe der Schöpfung geben die Substanz für die neue Menschengestalt des Auferstandenen her, ohne ihn dadurch zu hindern, nach unten ins Königreich einzutreten, dort sich den Jüngern zu offenbaren, als auch über die oberen Gewässer und das Licht in seiner Himmelfahrt zur Nähe und schließlich zur Krone sich zu erheben, um beim Vater zu sein.»

Für die Jünger verschwand er in den Wolken des Himmels, von wo er aber seine Wiederkunft versprochen hatte. Darum sind alle vier Evangelisten mit dem in den verschiedenen Weltgebieten «frei» sich bewegenden, schwer zu fassenden Auferstandenen beschäftigt. Insbesondere mit seiner Himmelfahrt, der Auffahrt zu seinem Vater, und seiner Rückkehr aus dem Himmel, wie Johannes sie schildert (Joh. 20, 17–20). Nun berührbar, weil seine neue Leiblichkeit die himmlisch-irdische Substanz aus der «Welt der Scheidungen» aufgenommen hatte. Durch diesen Weltbereich war er aufgestiegen auf dem Weg zu seinem Vater, hinauf bis zur «Krone», und konnte darum auch den Heiligen Geist auf die Jünger übertragen.

Dieser neue Zustand, in den der Christus Jesus durch Tod und Auferstehung übergegangen war – aus der räumlichen Faßbarkeit in die Allgegenwart, in der man zuvor nur den Vater in den Himmeln erlebt hatte –, war auch für die Zeitgenossen Jesu schwer zu fassen, denn noch nie hatte es einen leiblich Auferstandenen und zum Himmel Aufgefahrenen gegeben. Zunächst erlebten sie den Auferstandenen, wie Maria Magdalena, als nicht anrührbar und nicht anfaßbar. Später dann, als er vom Vater zurückgekommen war, als einen, der berührt werden wollte. Wobei sie nicht wissen konnten, daß er aufgefahren war, weil er das «Anfaßbare», die Substanz des «Trockenen», aus der Welt zwischen den oberen und den unteren Wassern in seinem daraufhin unvergänglichen Leib herunterbringen wollte und mußte. Nach Lukas erlebten sie ihn und seine Nähe am Osterabend, als er ihnen seine Wundmale zeigte und sie aufforderte, ihn zu berühren, als durchaus handgreiflich. Auch als er vor ihren Augen Fisch und Honig aß, um ihnen zu zeigen, daß er kein «Geist» sei.

Der Evangelist Matthäus erlebte den Auferstandenen, zusammen mit den anderen zehn Aposteln, auf einem Berg in Galiläa, zwischen Himmel und Erde. Von dort sandte er sie aus in alle Welt, in seinem Namen (Mt. 28, 16ff.). Auch Markus beschreibt, daß der Auferstandene die elf Jünger, immer noch ungläubig bei Tische sitzend, angetroffen und sie dann auf ihren Weg in die Welt geschickt habe (Mk. 16, 19f.).

Lukas, kein Apostel, ein Schüler des Paulus, ein Arzt aus Antiochia, ein Fremdling also, schildert den Auferstandenen am Ende seines Evangeliums völlig anders als die anderen Evangelisten. Bei ihm zog der Auferstandene nach dem Mahl mit den Jüngern hinaus nach Bethanien, wo er vor ihren Augen gen Himmel fuhr, nachdem er sie nach Jerusalem zurückgesandt und sie aufgefordert hatte, dort künftige Geschehnisse abzuwarten.

In der Apostelgeschichte berichtet Lukas dann von einer zweiten Himmelfahrt, der Vorstufe des Pfingstfestes, und wurde so zum Zeugen der Entstehung des Kirchenjahres. Einem anderen Weg der Nachfolge Christi als dem bisher räumlichen, von Ort zu Ort, durch das Heilige Land. Denn während der vierzig Tage, die dem Ostersonntag folgten, erlebten die in Jerusalem wartenden Jünger die Anwesenheit Christi immer stärker. Nach seiner Himmelfahrt dann fühlten sich die Jünger von ihm verlassen. Der Schmerz ergriff sie, und sie fingen an zu begreifen, wen sie für immer verloren zu haben meinten. Dabei erging es ihnen in den zehn Tagen ihres «Verlassenseins» ähnlich wie den beiden Emmaus-Jüngern, denen, als sie die Notwendigkeit der Menschwerdung Christi, seines Leidens, Sterbens und Auferstehens begriffen hatten, «das Herz brannte». Zur so entstehenden Herzenswärme der Jünger konnte «von oben» das Licht hinzutreten. So konnte Pfingsten werden, weil Christi Leidenstod, seine Auferstehung und seine Offenbarung in ihnen lebendig wurden, in ihnen zu «denken» begannen.

Lauenstein hat Pfingsten eine «Rückwirkung» des in seiner Himmelfahrt erhöhten Herrn auf seine Jünger genannt. Sie erlangten durch die in ihrem Inneren entstehende Herzenswärme eine Antwort aus der Welt des Vaters, der «Urwärme», über der die «Krone» steht. *Da erschienen ihnen zerteilte Zungen wie von Feuer, und je eine setzte sich auf jeden von ihnen. Und sie wurden alle voll des Heiligen Geistes* (Apg. 2, 3–4). Lauenstein fügt hinzu: «Das Wort vom Heiligen Geiste rührt schon an die ‹Krone›, die reine Geistsphäre Gottes.»

So konnte Petrus, weil er das Geschehen der heiligen drei Tage, des Karfreitags, des Karsamstags und des Ostersonntags, begriffen hatte, seine bekannte Pfingstrede halten, die die Menschen ergriff und bewegte. *So wisse nun das ganze*

Haus Israel gewiß, daß Gott diesen Jesus, den ihr gekreuzigt habt, zu einem Herrn und Christus gemacht hat (Apg. 2, 38). Erst nach fünfzig Tagen konnte er so sprechen. Erst jetzt verstanden Petrus und die Seinen, was Christus ihnen in seinen Leidensverkündigungen hatte mitteilen wollen, das Geschehen der drei Tage. Erst nach fünfzig Tagen fing das «Triduum Sanctum» in ihnen zu leben an.

Auch heute dauert das Pfingstfest drei Tage. Auch heute braucht es dreimal vierundzwanzig Stunden, um – ähnlich der dreitägigen Rückschau eines Gestorbenen auf sein vergangenes Leben – das Wirken Christi auf Erden und im Himmel voll überschaubar und verstehbar werden zu lassen.

Die Pfingstzeit, die Zeit der «Fünfzig Tage», die «Pentekoste», beginnt mit einem Triduum und kommt mit einem Triduum ans Ziel. Das erste, das österliche Triduum, umschließt die einmalige Tat Christi auf Erden. Im zweiten, im pfingstlichen Triduum, wird das Wirken Christi im Innern des Menschen gegenwärtig, zu einem Teil seiner selbst.

ZWEIUNDZWANZIGSTE STATION:

FRÜHMAHL

AM

SEE

Über dem stillen See geht die Sonne auf. Eine einsame Gestalt steht am Ufer, der Auferstandene. Auf dem Wasser schwimmt ein Boot, in ihm sitzen sechs seiner Jünger. Sie blicken hinter einem der ihren her, der ins flache Wasser gesprungen war, um zu seinem Herrn zu gelangen.

Diese Szene stellt Hans Memling auf seinem Passions- und Osterpanorama als letzte dar.

Das 21. Kapitel des Johannes-Evangeliums beginnt damit, daß Petrus am Meer von Tiberias in der Zeit nach Ostern zu sechs seiner Gefährten sagt: *Ich will hin fischen gehen!,* und daß sie antworten: *So wollen wir mit dir gehen.* Sie steigen in ein Boot, in dem sie, wie Memling es auf seinem Bild darstellt, so eng nebeneinander sitzen, daß sie einander beim Fischen ganz sicher im Wege sind. In dieser Nacht, heißt es, *fingen sie nichts.* Am Morgen aber stand Jesus am Ufer. Doch die Jünger erkannten ihn nicht, wie so oft in den Ostertagen, wenn ihnen der Auferstandene erschien. Als er sie fragte, ob sie nichts zu essen hätten, sagten sie: Nein! Womit klar wird, daß mit seiner Frage kein mitgebrachter Proviant gemeint war, sondern in der Nacht gefangener Fisch. Den hatten sie nicht. Daraufhin sagte ihnen der Auferstandene, sie sollten das Netz zur Rechten des Bootes auswerfen, was sie auch taten, und sie konnten wegen der Menge der Fische das Netz nicht mehr ziehen. Da gab der Jünger, den der Herr liebte, Petrus zu verstehen, wer der bis dahin Unbekannte am Ufer sei: der Herr. Und Petrus zog sich an und sprang bekleidet ins Wasser. Inzwischen kamen auch die sechs anderen mit ihrem Boot und dem Netz voller Fische ans Ufer und fanden beim Auferstandenen schon Fisch auf glühenden Kohlen vor. Keiner der Jünger wagte zu fragen: *Wer bist du?, denn sie wußten wohl, daß es der Herr war.* Er bat sie, ihm ihre eben gefangenen Fische zu bringen. Petrus zog sie an Land. Hundertunddreiundfünfzig waren es. Eine viel berätselte Zahl.

Jesus nahm das Brot, gab es ihnen, desgleichen auch die Fische und vollzog mit ihnen das Mahl. Nicht ein Abendmahl, sondern ein Frühmahl bei aufgehender Sonne. Ein Urbild des Altarsakraments, das seit zwei Jahrtausenden und auch in der Zukunft mit aufgehender Sonne, zwischen Mitternacht und Mittag, begangen wird.

Für Petrus verlief dieser Fischzug zeichenhaft günstig. Er brachte die hundertdreiundfünfzig Fische zu seinem Herrn an Land, ohne daß das Netz zerriß.

Ganz anders, mit zerrissenem Netz und sinkenden Booten, endete der Fischzug, den Lukas zu Beginn des Erdenweges Christi schildert (Lk. 5, 1ff.). Danach fiel Petrus vor Jesus aufs Knie und bat ihn: *Herr, gehe aus von mir, denn ich bin nur ein sündiger Mensch! Es war ihn ein Schrecken angekommen und alle, die mit ihm waren.* Das waren bei Lukas etliche, die er nicht mit Namen genannt hat. Dazu gehörten Jakobus und Johannes, die Söhne des Zebedäus, die mit Petrus und Andreas am Tage des mißglückten Fischzugs alles verließen und der Berufung Jesu, er wolle sie zu Menschenfischern machen, folgten.

Beim Fischzug, den Johannes beschreibt, hatte Christus den Tod schon überwunden, war bereits zu seinem Vater aufgefahren, und sein Leib war «berührbar» geworden. Er war den Jüngern immer wieder erschienen, hatte sich acht Tage nach Ostern dem Thomas geoffenbart und nun den sieben Fisch-fangenden Jüngern. *Das ist nun das drittemal, daß Jesus offenbart ward seinen Jüngern, nachdem er von den Toten auferstanden war* (Joh. 21, 14).

Es liegt nahe, zu fragen, was eigentlich die Jünger wieder veranlaßte, nachts zum Fischfang auf den See von Tiberias hinauszufahren. War es ein Rückfall in ihre Vergangenheit? Oder war dies, ein Geschehen in der Auferstehungswelt Christi, ganz anders anzusehen als der Fischzug, den Lukas beschreibt? Denn anstelle der Jüngerberufung nach dem ersten Fischzug folgte beim zweiten das Frühmahl, das der Auferstandene den Berufenen bereitete. Der Auferstandene, der, so Diether Lauenstein, «sich frei zwischen den vier Werdestufen der Welt bewegt», der auch ein Herr über die göttliche Wärme ist, die er die Jünger im Bilde der glühenden Kohlen erleben läßt, offenbart ihnen in Brot und Fisch auch die unvergehbare Ursubstanz, die seinen Auferstehungsleib aufbaut. Christus, der im Leibe bis zum Vater aufgestiegen war und sich seitdem in allen Weltbereichen in Gleichzeitigkeit frei bewegt, steht in seinem unvergänglichen Leib als Gestalt am Ufer. Er hat seinen Leib «an», während Petrus noch «unbekleidet», noch nicht in seinem Körper ist, sich erst anziehen muß, um «an Land» gehen zu können. Damit gibt Johannes ein genaues Bild eines Menschen wieder, der aus mehr oder minder tiefem Schlaf oder auch aus nächtlichen Jenseitserlebnissen heraustritt, aufwacht, und dabei seinen Körper wie ein Kleidungsstück anzieht. Erst so im Leibe kann Petrus, wie auch die anderen langsam «an Land gekommenen» Jünger, dem im Auferstehungsleib erscheinenden Christus im «Grenzbereich» des Ufers begegnen. So wie auch ein die Kommunion Empfangender dem Christus im «Grenzbereich» des Altarsakraments «leiblich» begegnen kann.

Johannes bezeichnet, wie schon gesagt, das Frühmahl am See als die dritte Offenbarung Christi nach seiner Auferstehung. Bei der ersten erschien er den Jüngern am Osterabend hinter verschlossenen Türen, zeigte ihnen seine Wundmale und teilte ihnen den Heiligen Geist mit. Bei der zweiten ließ er den «ungläubigen» Thomas seine Wundmale berühren. Bei der dritten, beim Mahl am See, kommunizierte er mit den Jüngern und teilte sich ihnen ganz mit. So wurde die Verbindung der Jünger mit dem Auferstandenen von Mal zu Mal dichter. Sie begann am Osterabend mit einem sehenden Erkennen und geistigem Verstehen des ihnen Erscheinenden, der ihnen den Heiligen Geist mitteilte, setzte sich am nächsten, am «Weißen Sonntag», fort mit einem fühlenden Sich-in ihn-Hineintasten, aus dem der Glaube entstand – Thomas glaubte –, und wurde vollkommen in der Einswerdung mit ihm im heiligen Mahl.

Zugleich aber ist die Schilderung der Kommunion am See nicht nur eine dritte Offenbarung Christi in der Osterzeit, sondern auch der dritte Bericht von einem Christusmahl innerhalb des Johannes-Evangeliums. Der erste Bericht beschreibt im 6. Kapitel die bildhafte Speisung der Fünftausend, an die sich die Offenbarungen Christi anschließen, in denen er verkündet: *Ich bin das Brot des Lebens* und: *Wer mein Fleisch ißt und mein Blut trinkt, hat ewiges Leben* (Joh. 6, 54). Der zweite Bericht (Joh. 13, 1–38) konkretisiert in der Einsetzung des Abendmahls durch den noch sterblichen Jesus das im 6. Kapitel Ausgesprochene. Der dritte der Mahlberichte schildert die Speisung der Jünger im Bereich der Auferstehung, zu der der Auferstandene selber Brot und Fisch mitgebracht hat, zugleich aber die Jünger auffordert, den von ihnen gefangenen Fisch herbeizubringen.

Das Frühmahl am See fand in der Zeit der vierzig Tage zwischen Ostersonntag und Himmelfahrt statt. Wenn man aber dem letzten Kapitel des Lukas-Evangeliums folgt und dem ersten der Apostelgeschichte, kann man zu dem Schluß kommen, daß die Jünger in jenen Tagen gar nicht am See gewesen sind, sondern sich in Jerusalem aufgehalten haben. *Und siehe*, heißt es bei Lukas (Lk. 24, 49), *ich will euch senden die Verheißung meines Vaters. Ihr aber sollt in der Stadt Jerusalem bleiben, bis ihr angetan werdet mit der Kraft aus der Höhe.* In der Apostelgeschichte wiederholt Lukas den Befehl Jesu an die Jünger, nicht von Jerusalem *zu weichen,* bis sie mit dem Heiligen Geist getauft würden (Apg. 1, 3).

Dieser «Befehl» war selbstverständlich bindend, und darum ist nicht anzunehmen, daß Petrus und seine Gefährten Jerusalem verlassen und sich auf den Weg nach Galiläa gemacht hätten. Sie müssen vielmehr in Jerusalem ihre Begegnung mit dem Auferstandenen, im Bild des Mahles am See und ihres nächtlichen Fischfangs, als Realität erlebt haben. Den Aposteln nämlich *erwies er sich nach seinem Leiden durch viele Beweise als lebendig, indem er ihnen vierzig Tage hindurch erschien und über das Reich Gottes sprach* (Apg. 1, 3). Er sprach aber nicht nur über das Reich Gottes, sondern zeigte es ihnen gleichnishaft in vielen Bildern. So auch im Bilde des Frühmahls das Geheimnis jenes sakramentalen Mahles, das er künftig mit ihnen halten wollte. Darin sind eine Reihe von Anweisungen für das «Herrenmahl» der christlichen Kirche enthalten, sowohl was den Ort betrifft als auch die Zeit. Auch was den Anteil dessen angeht, den die Gläubigen zu leisten haben, Priester wie Laien, damit er – durch sie – auch in der Zukunft seine heilige Handlung vollziehen könne und kann.

Auf Memlings Frühmahl, am oberen Rand des Panoramas, ist das alles zu sehen, Ort und Zeit der Handlung wie auch die handelnden Personen. Der Ort der Handlung ist das Ufer des galiläischen Meeres. Die Zeit ist der frühe Morgen bei Sonnenaufgang. Die handelnden Personen sind der Auferstandene, der am Ufer steht und ein Mahl bereitet hat aus Brot und Fisch, und die sieben Jünger, die zum Fischfang auf das Meer der Nacht hinausgefahren waren. Memlings Bild und das Bild, das der Auferstandene den Jüngern in der Zeit der vierzig Tage nach Ostern gezeigt hat, damit sie wußten, wie das Herrenmahl in Zukunft zu halten sei, sind eines.

Beim Abendmahl war die Situation völlig anders als beim Frühmahl. Da war Jesus noch nicht auferstanden, war noch sterblich. Er war noch nicht gekreuzigt worden und noch nicht gestorben, aber voll der die Auferstehung bewirkenden Kräfte, durch die er die Transsubstantiation von Brot und Wein vollzog. Trotz aller Schwäche war er noch seines göttlichen Wesens mächtig, das er erst in den Gethsemane-Stunden «in den Bereich der göttlichen Dreifaltigkeit» zurückgeben mußte, um sterben zu können. Beim Abendmahl befand er sich mit den Seinen im Coenaculum, in einem geschlossenen Raum, dem Allerheiligsten des Tempels in Jerusalem vergleichbar. Beim Frühmahl am See kann man von einer Zweiräumigkeit sprechen, die sich später im Kirchenbau spiegelt, mit dem Altarbereich als dem Allerheiligsten und dem Kirchenschiff, dem Boot, in dem viele sitzen, aus dem aber einer, der zelebrierende Priester, hinauszusteigen und sein Gewand anzuziehen hat, um an Land zu gehen und das Allerheiligste des Auferstandenen betreten zu können und ihm das mitzubringen, was seine Brüder im Gemeindeschiff in ihren Netzen haben. Das nimmt der Herr entgegen und macht es zu seinem Eigenen.

ANHANG

SIEBEN WORTE VOM KREUZ

Der Betrachter des «Passionspanoramas» wird in der Fülle des Dargestellten vor allem das wiederfinden, was er selber mitbringt. Auch die sieben Worte vom Kreuz, die der beste Maler nicht malen kann:

1. *Vater, vergib ihnen, denn sie wissen nicht, was sie tun.* (Lk. 23, 34)
2. *Amen, ich sage dir, noch heute wirst du mit mir im Paradiese sein.* (Lk. 23, 43)
3. *Weib, siehe da, dein Sohn. – Siehe da, deine Mutter.* (Joh. 19, 26/27)
4. *Eloi, eloi, lama sabachtani!* Das heißt übersetzt: *Mein Gott, mein Gott, warum hast du mich verlassen?* (Mk. 15, 34)
5. *Mich dürstet.* (Joh. 19, 29)
6. *Es ist vollbracht!* (Joh. 19, 30)
7. *Vater, in deine Hände befehle ich meinen Geist!* (Lk. 23, 46)

In Jan Ruisbroecks (1293–1381) «Zierde der geistlichen Hochzeit» heißt es beim Betrachten des am Kreuze Leidenden: «Und dessen beklagte sich Christus und sprach: *Mein Gott, mein Gott, warum hast du mich verlassen?* Doch sagte unser Liebesfreund nicht alles, was er litt, sondern rief seinem Vater zu: *Vater, vergib ihnen, denn sie wissen nicht, was sie tun.*» Damit zitiert Ruisbroeck zwei der Worte Christi vom Kreuz. Zwei der sieben, die alle aus den vier Evangelien herausgelesen und in einen Zusammenhang gebracht worden sind und von den Gläubigen, über Jahrhunderte hinweg, in ihr Leben aufgenommen wurden, um sie zu begleiten.

So steht auf einem Grabstein an der spätromanischen Dorfkirche von Haseldorf in Schleswig-Holstein: «Ich hört ohn Unterlas / Die sieben Wort erschallen / Die Du, o Gottessohn / Am Kreuz gesprochen hast. / Das letzte habe ich mir / Für andern wollgefallen / Und habe solches auch / Fest in mein Hertz gefast, / Denn so habe ich an meinem letzten Ende / Meinen Geist, o Gott / Befohlen in Deine Hende. // Anno 1653 ist die weyland ehr und tugendsame Catrina Marckmans auf der alten Wort auf diese Welt gebohren. Anno 1726 ehlig in Gott dem Herrn endschlaffen. Ihres Alters 73 Jahr.»

Auch für den Betrachter des Memlingschen Passionstableaus ist es von Vorteil, wenn ihm die sieben Worte des am Kreuze Sterbenden so vertraut sind wie Catrina Marckmans «auf der alten Wort» in den Elbmarschen. Dann erst wird auch er anfangen, in die Finsternis der sechsten Stunde hineinzulauschen, um «ohn Unterlas» die Worte zu hören, die von Christus gesprochen werden.

Ähnlich eindrucksvoll wie dieser Grabsteinspruch ist eine Inschrift unter einem Kruzifix, die Rudolf Steiner in einem Vortrag zitiert hat (Rudolf Steiner, GA 169, Vortrag vom 4. Juli 1916).

«Halte still, du Wandersmann,
Und sieh dir meine Wunden an.
Die Wunden stehn,
Die Stunden gehn.
Nimm dich in acht und hüte dich,
Was ich am jüngsten Tage über dich
Für ein Urteil sprich!»

Die Wunden stehn, die Stunden gehn, und die Sonne verlor ihren Schein, und die Macht der Finsternis war groß wie nie zuvor. Und aus dieser Finsternis spricht der Christus vom Kreuz zu seinem Vater und zu den Menschen.

De Vos hat Memling einen «Magier des Lichtes» genannt. Man könnte ihn auch als einen Magier der Finsternis bezeichnen. Ist doch auf seinem Passionsbild viel nächtliche Dunkelheit zu sehen, wie etwa in der Gethsemane-Nacht. Doch ist diese Nachtdunkelheit natürlicher als jene, die sich zur sechsten Stunde, zur Mittagsstunde, auf die drei Kreuze herabsenkt und schwer auf ihnen lastet. Sie ist finsterer als die schwarze Nacht der Verlassenheit Christi am Ölberg.

Die Kreuzigungsszene befindet sich auf Memlings Passionsbild, wie gesagt, räumlich weit entfernt vom Standort des Betrachters, der, um sie zu sehen, über die ganze Stadt Jerusalem hinweg bis zum Kreuzigungshügel blicken und dabei versuchen muß, klein zu werden, um neben den anderen unter dem Kreuz stehen zu können. Dort wird er, ähnlich wie Catrina Marckmans, die sieben Worte des Gottessohnes vom Kreuz erschallen hören, während die Wunden stehn und die Stunden gehn.

Als erstes: *Vater vergib ihnen, denn sie wissen nicht, was sie tun!* Damals, als dieses Wort vom Kreuz herunter gesprochen wurde, war es ausnahmslos für alle gemeint. Auch für Judas, ohne den das ganze Geschehen nicht so verlaufen wäre, wie der Christus es wollte. Denn hätte Judas gewußt, was er tat, hätte er den Verrat nicht begangen und wäre nicht zu einem Mithandelnden geworden bei allem, was Christus mit ihnen vollbrachte.

In unserer Zeit ist alles anders geworden. Denn wer sich heute bemüht, der kann das ganze damalige Geschehen überblicken und wissen, was Christus damals vollbracht hat. Darum kann es heute nicht mehr heißen: *Vergib ihnen, denn sie wissen nicht, was sie tun!* Vielmehr: Vergib ihnen, denn sie wissen wohl, was sie tun. Was sie tun sollten, auch, wenn sie es zu tun versäumen.

Das zweite der sieben Worte vom Kreuz wird zum «guten Schächer» gesprochen, der im Anblick des neben ihm hängenden Christus den Sinn des Christusleidens zu begreifen beginnt, weil er wahrnimmt, daß Christus einer ganz anderen Weltordnung angehört als er selbst. Dadurch bekennt er sich zu seiner Schuld und anerkennt die Strafe, die er dafür erleidet, als gerechte Folge seiner Tat und erstrebt nun das, was er aus dem Munde Christi vernommen hat: die gnadenvolle Vergebung.

Dem anderen Schächer war die Wahrnehmungsfähigkeit seines «guten» Mitverurteilten nicht gegeben. Er verhöhnt Christus als Scheinmessias und bleibt darum zurück im Gesetz von Ursache und Wirkung, während der andere anfängt, den ihn mit Christus verbindenden Glauben zu entwickeln. Am Kreuze scheiden sich die Geister.

Das erste der sieben Worte vom Kreuz ist zu Gott, dem Vater, gesprochen. Das zweite zu einem Menschen, der mit seiner Bitte: *Herr, gedenke mein, wenn du in dein Reich kommst!* Christi Versprechen hervorruft: *Amen, ich sage dir, noch heute wirst du mit mir im Paradiese sein!*

Das dritte der sieben Worte ist an zwei unter dem Kreuz stehende Menschen gerichtet, an Jesu Mutter und an den Jünger, den der Herr liebte. Im 19. Kapitel des Johannes-Evangeliums heißt es: *Am Kreuze Jesu aber standen seine Mutter und die Schwester seiner Mutter, Maria, des Kleophas Weib, und Maria Magdalena. Als nun Jesus seine Mutter und den Jünger, den er liebte, da stehen sah, sprach er zu seiner Mutter: Weib, siehe da, dein Sohn! Danach spricht er zu dem Jünger: Siehe da, deine Mutter! Von jener Stunde an nahm der Jünger sie zu sich* (Joh. 19, 25–27).

Diese drei Verse des Johannes-Evangeliums haben die suchenden Christen aller Jahrhunderte beschäftigt. Die Kirchenväter, die der Apostel Paulus gelehrt hatte, im Auferstandenen den «neuen Adam» zu sehen, fingen an, in der unter dem Kreuz stehenden Mutter Jesu die «neue Eva» zu erkennen. So wie der Schöpfer Eva aus der Seite des schlafenden Adams genommen habe, sagten sie, sei auch die «neue Eva» aus der Seite des «neuen Adams» heraus erschaffen worden, als der römische Soldat die Seite Jesu mit der Lanze öffnete und das Blut des entschlafenen Erlösers auf die Erde floß und so die Welt erneuerte. In Eva, der von der Schlange Verführten, sahen sie die Mutter der gefallenen Menschheit. In der Mutter Jesu sahen sie die vom Heiligen Geist erfüllte Mutter aller Gläubigen, von denen der Jünger, den der Herr liebte – der Verkünder des Logos –, der erste war, der am Ostermorgen beim Anblick der Totenbinden im leeren Grab den Glauben fand.

In der üblichen Reihenfolge der sieben Worte vom Kreuz folgt nach dem Vermächtnis des Gekreuzigten an seine Mutter und den Jünger, den er liebte, als viertes das wohl bekannteste der sieben, das bei Markus und Matthäus unterschiedlich verzeichnete: *Eli, Eli, lama sabachtani!*, das *Mein Gott, mein Gott, warum hast du mich verlassen!*

Diesen beiden Evangelisten gilt es als das letzte Wort Jesu, dem nur noch sein lauter Schrei folgte, bevor er um die neunte Stunde verschied. Von der sechsten Stunde an hatte sich der Himmel verfinstert, und die Kraft des Gekreuzigten ging zu Ende. Auch Lukas und Johannes berichten, daß dem Sterbenden am Kreuz ein mit Essig getränkter Schwamm gereicht wurde und daß er, nachdem er getrunken hatte, noch einmal laut aufschrie und dann verschied. Ein Schrei, so schildert es Anna Katharina Emmerich, der zur Stunde der Schlacht und der Lämmer laut über Jerusalem hallte, während der Vorhang im Tempel in zwei Stücke zerriß, die Erde erbebte, die Felsen zerrissen und die Gräber sich öffneten.

Nachdem Jesus wußte, *daß schon alles vollbracht war,* sprach er: *Mich dürstet!* Das fünfte Wort vom Kreuz. Nachdem es ausgesprochen war, so schreibt Johannes, wurde ihm der Essigschwamm gereicht. Und als er den Essig genommen hatte, rief er: *Es ist vollbracht!*, neigte sein Haupt und übergab seinen Geist (Joh. 19, 30). Damit ist dann das sechste Wort vom Kreuz ausgesprochen, hörbar und vernehmbar für den, der das Wort im Ohr mitbringt. Er wird, wenn er auf den Gekreuzigten unter Memlings finsteren Himmel blickt, sich noch einmal klarzumachen versuchen, was das Hinaufreichen des mit Essig getränkten Schwammes für den Sterbenden am Kreuz zu bedeuten hatte und das Trinken des Essigs vor dem letzten Atemzug.

Bei Matthäus und Markus ist es ein Einzelner, der hinausläuft, eilends den Schwamm mit Essig tränkt, ihn auf einen Stab steckt, dem Gekreuzigten zu trinken gibt und sich mit den anderen fragt, ob Jesus mit dem *Eli, Eli, lama sabachtani!*

den Propheten Elias herbeirufen wollte, der bei der Ankunft des Messias erscheinen sollte. Eine Reaktion, die zeigt, wie vielfältig die Erlebnisse der damals Anwesenden waren und was sie alles für möglich hielten.

Jesus trank den Essig, stieß den Todesschrei aus und starb.

Die Bitte, die in dem *Mich dürstet!* liegt, macht deutlich, daß Jesus trinken wollte, Essig trinken wollte, dessen Säure nicht nur den Mund zusammenzieht, sondern den ganzen Leib. Dadurch wurde der Sterbende im Todesaugenblick ganz in seinen Leib hereingezogen, war «anwesend», als der Tod an ihn herantrat.

Der Bereitwillige, der den Schwamm auf dem Ysopstab zum Munde Jesu hinaufreichte, ist eine der vielen Personen, die im richtigen Augenblick unbewußt das Richtige taten, damit für Christus, der zum Passah-Fest in Jerusalem sterben wollte, alles zum «richtigen Ende» kommen konnte.

Für den Betrachter, der auf Memlings Tableau Tod und Auferstehung gleichzeitig vor Augen hat, ist das *Es ist vollbracht!* nicht anders, als höre er einen Siegesruf Christi, der sein selbstgesetztes Ziel erreicht hatte.

Daran kann das siebte der Worte vom Kreuz anschließen: *Vater, in deine Hände befehle ich meinen Geist,* das «ohn Unterlas» bis zu Catrina Marckmans in den Elbmarschen gehört wurde.

SIEBEN

MYSTISCHE

STUFEN

Die Andachtsübungen der Mönche und Nonnen und auch die geistigen Bestrebungen der Laienbruderschaften zur Zeit Memlings waren allgemein bekannt. So etwa Bildmeditationen des Leidens, Sterbens und Siegens Christi, die in den Klöstern Mönchen und Nonnen zum Nachleben aufgegeben wurden. Sieben von ihnen finden sich in den zweiundzwanzig Stationen des «Passionspanoramas» wieder.

«Die dritte Tugend ist Geduldigsein im Leiden», so spricht Jan von Ruisbroeck seine Schüler an. «Diese Eigenschaft wollen wir mit Ernst betrachten, denn sie zierte Christum unsern Bräutigam während seines ganzen Lebens.» Ruisbroeck gehörte zu den großen und verehrten Gestalten seiner Zeit, weil er den Menschen selbstgegangene Wege weisen konnte. Seine auch von Johannes Tauler verbreiteten Schriften waren unter den Zeitgenossen Memlings überall bekannt.

«Zuletzt», heißt es in «Die Zierde der geistlichen Hochzeit», «wurde er (Jesus) von den Juden, die ihm, der doch ihr Freund war, als Feinde begegneten, gefangengenommen. Er wurde verraten, verspottet, geschoren, gegeißelt und geschlagen und durch falsches Zeugnis verurteilt. Er trug sein Kreuz mit großem Weh an den erhabensten Ort des Erdreichs. [...] Er ward auf das Holz genagelt mit plumpen Nägeln und dann gestreckt, daß ihm die Adern zerrissen. Er ward aufgerichtet und das Kreuz in die Erde gestoßen, daß seine Wunden strömten. Das Haupt war ihm gekrönt mit Dornen. Seine Ohren hörten das grelle Judengeschrei: Kreuziget ihn! Kreuziget ihn! und viele andere Schmähworte. [...] Und so, auf den Tod verlassen und verwundet, verlassen von Gott und allen Kreaturen, am Kreuze hinsterbend, hing Christus, unser Bräutigam, wie ein Knüttel, dessen niemand achtete außer Maria, seine arme Mutter, die ihm nicht helfen konnte.»

Rudolf Steiner hat in seinen Vorträgen des öfteren auf die sieben Stufen eines mystischen Schulungsweges hingewiesen, die auch Joseph von Görres in seinen Büchern über die christliche Mystik darstellt. Es sind Stufen der Nachfolge, die Paulus «Mimesis» nennt. Eine in der Zeit zu vollziehende «Nachahmung», nicht eine Nachfolge im Sinne des Auf-den-Füßen-hinter-dem-Meister-Hergehens durch das Heilige Land, wie es den Jüngern in Palästina möglich war, sondern ein innerer siebenstufiger Weg durch die Passion Christi. Diese sieben Stufen sind:

1. die Fußwaschung, 2. die Geißelung, 3. die Dornenkrönung, 4. die Kreuzigung, 5. der mystische Tod und die Höllenfahrt, 6. die Grablegung, 7. die Auferstehung (Rudolf Steiner, GA 95, Vortrag vom 3. September 1906).

Die siebte Stufe, die hier Auferstehung genannt wird, hat Rudolf Steiner an anderer Stelle (GA 103, Vortrag vom 30. Mai 1908) auch als Himmelfahrt bezeichnet, weil die Auferstehung als ein Prozeß aufgefaßt werden kann, der sich erst mit der Himmelfahrt Christi vollendet.

1. Die erste Stufe, die Fußwaschung, die Christus im Zusammenhang mit dem Abendmahl an den Jüngern vollzieht, an allen, auch an Judas (Joh. 13, 3ff.), malt Memling nicht. Da geht es ihm wie anderen, deren Erlebnisse von Görres in seinen Büchern über die Mystik schildert, die von ihrer Betrachtung des heiligen Mahles aus gleich ihren Gang in die Gethsemane-Verlassenheit Christi antreten, um ihm in seinem Gebet und seiner Not wachend nahe zu sein. Im Gegensatz zu den drei schlafenden Jüngern.

Andere der von Joseph von Görres dargestellten Mystiker versuchten dem mit der Fußwaschung gegebenen Beispiel Christi zu folgen, weil sie in ihm den Schöpfer zu sehen vermochten, der sich dankbar zu den Füßen seiner Geschöpfe niederbeugt. Der Kreatur, die er geschaffen hat, dankbar, weil er ihrer zu seinem Erlösungswerk bedarf.

2. Die zweite Stufe auf dem Wege der Nachahmung, die Geißelung Jesu, stellt Memling dar. Ein Vorgang, der die Entblößung des zu Geißelnden voraussetzt, die als solche schon ein Verächtlichmachen des Entblößten bedeutet. Memling macht den Vorgang der Entwürdigung auf seinem Bild durch eine kleine Handbewegung für den Betrachter deutlich. Durch die Art nämlich, wie er vor dem thronenden Pilatus den einen der beiden Soldaten das Gewand Christi an dessen Kehrseite berühren und ergreifen läßt.

«Er wurde ganz mutternackt entkleidet», heißt es bei Ruisbroeck, «niemals sahen weder Mann noch Weib einen so schönen Leib also grimmig mißhandelt.» Das allein schon mußte die frommen Nachahmer der Leiden Christi ansprechen. Manche von ihnen haben sich selber angefaßt und entblößt gefühlt, mit Geißeln geschlagen und mit Dornen gekrönt, bis hin zum Auftreten von Wunden an Leib und Stirn, bis hin zu den fünf Wundmalen des Gekreuzigten. So stellt es Joseph von Görres (1776–1848) in seinen Büchern dar, wie auch sein Freund Clemens Brentano (1778–1842) Jahrhunderte nach Memling, der die Zustände und Mitteilungen der Anna Katharina Emmerich beschrieben hat. Beide, Görres wie Brentano, beschäftigten sich intensiv mit diesen Erscheinungen, weil sie die Kirche des Mittelalters zurückersehnten, die es in ihrem Zeitalter, dem Zeitalter der Französischen Revolution, schon längst nicht mehr gab. Schon in den Tagen Memlings war sie an ihr Ende gekommen. Ein Ende, das sie mit den Scheiterhaufen der Inquisition aufzuhalten versucht hatte.

Ganz sicher hat Memling die «Brüder und Schwestern des freien Geistes» gekannt, auch wenn er nicht zu ihnen gehörte wie Hieronymus Bosch. Ebenso sicher hat er – in den Tagen vor der Reformation lebend – das Nichtgenügen der institutionellen Kirche Roms wach erlebt, hat aber trotzdem im Sinne dieser Kirche weiter gemalt. Er hat sich aber gerade durch ein solches Werk wie das «Passionspanorama» als «denkender Mensch» erwiesen.

«Nicht allein bei uns», heißt es bei Goethe, «sondern in allen Ländern wird die Anzahl der denkenden Menschen, der wahren Gläubigen immer eine unsichtbare Kirche bleiben» (Goethe, Schriften zur Literatur). Zu ihnen gehörte Hans Memling. Ganz sicher auch manche Mystiker, denn auch sie hatten sich persönlich auf den Weg gemacht und Erfahrungen gesammelt, die ihr persönliches Leben bestimmten und die ihnen niemand nehmen konnte, auch wenn die Kirche, etwa in Gestalt der Jesuiten, die Görres schildert, versuchte, sie in den Schatz der guten Taten der Kirche zu sammeln, um ein Gegengewicht gegen ihre Sünden zu haben.

So sprach der Anblick der Geißelung Jesu viele von den mystisch Übenden bis in ihre eigene Körperlichkeit an. Letztlich versuchten sie *Er* zu sein und erlebten die Schmach, die ihm angetan wurde, als würde sie ihnen angetan, und spürten das Zerfetzen seiner Haut am eigenen Leibe und versuchten standhaft zu sein wie er. Mit ihm fühlten sie sich in der Welt des Widersachers und versuchten für ihr Allerheiligstes aufrecht zu stehen, wie die Martersäule aufrecht stand, an die Pilatus Jesus hatte binden lassen.

3. Die dritte Stufe ist die Dornenkrönung. Memling gibt sie als das Ereignis wieder, das Pilatus dazu herausforderte, das «Ecce Homo» auszusprechen. In diesem Sinne wurde die Dornenkrone von den wochen- und monatelang Übenden als das Gegenteil einer Königskrönung mit goldener Krone erlebt, als Zeichen des Schmerzes und der Erniedrigung mit Christus. Bei vielen von ihnen ging die innere Betrachtung der Dornenkrönung mit Schmerzen im Kopf einher. Auch Bernhard von Clairveaux fühlte die Dornen bis in sein Gehirn eindringen. Durch das Hineinleben in Christi Leiden erlebten sie in der Krönung mit Dornen die grausamste Verhöhnung ihres Allerheiligsten, so daß das «Ecce Homo» ihnen erschien, als sei es auch für sie gesprochen.

4. Die vierte Stufe auf dem Wege der Nachahmung Christi, die Kreuzigung, wurde von den Übenden dreifach verschieden erlebt. Für manche stand das Erleben der Kreuztragung im Vordergrund, für andere das der Annagelung Jesu ans Kreuz, für noch andere das Verbundensein mit dem am Kreuz hängenden Christus, während er die «sieben Worte» zu ihnen sprach. Immer jedoch wurde dabei das Kreuz als ein hölzernes und totes erlebt, das von jedem zu tragen und an das man wie mit Nägeln ein Leben lang befestigt war. Dabei konnte es auch zu der sogenannten Blutsprobe kommen, dem Aufbrechen der Stigmata an Händen und Füßen und an der rechten Seite der Brust.

Die Kreuztragung stellt Memling vor dem Stadttor dar. Christus ist unter dem Kreuz zusammengebrochen. Hinter ihm ergreift Simon von Kyrene das Kreuz, um es dem Christus abzunehmen und nach Golgatha zu tragen.

Zur Kreuzannagelung waren, nach den Evangelien, viele aus Jerusalem gekommen und hatten sich auf der Schädelstätte versammelt, um seine Qual mitzuerleben und ihn zu verhöhnen. Die Annagelung Christi an das am Boden liegende Kreuz auf Golgatha war ein einmaliges, unwiederholbares Geschehen – einmalig wie auch alles andere, was Christus auf Erden als Mensch getan hat. So hat Memling die Kreuzannagelung Jesu dargestellt.

Die Mystiker jedoch bemühten sich auf ihre Weise um die Vergegenwärtigung des Historischen, des einmal Geschehenen. Für sie wurde Golgatha allenthalben anwesend, das Kreuz an jedem Orte gegenwärtig. Während der christlichen Messe wurde für sie der Altar überall zum jeweiligen neuen Mittelpunkt der Welt. Das wußten Menschen wie Memling. Sie wußten aber auch, daß es nötig sei, wie Johannes Tauler es ausdrückt, das Kreuz in sie komme. «Kinder», sagt er, «wer das Kreuz Christi nicht in sich und vor sich hat, der wird ohne Zweifel nicht geschont» (Tauler, Quasi cedrus exatata sum). Mit einem solchen Satz ist das übende Vorgehen eines Mystikers genau beschrieben. Er muß das Bild des Kreuztragenden oder das Bild dessen, der ans Kreuz genagelt wird, vor sich haben, um es in sich aufnehmen zu können, in sich stehen zu haben, wo es Schmerzen bereitet. Zu nichts anderem wurde das Passionsbild von Memling gemalt, als daß jeder,

der es mit Augen betrachtet, das Kreuz vor sich hat, daß es in ihn hineingelangen kann.

«Die meisten Ordensleute», sagt Johannes Tauler, «tragen das Kreuz nicht mit unserem Herrn, sondern mit dem roten Simon, der dazu gezwungen wurde.» Er weist damit auf Simon von Kyrene, dessen erzwungenes Kreuztragen ihm als zu gering erschien (Tauler, Si exaltatus fuero). Allerdings, sollte man einfügen, wirkt der rote Simon auf Memlings Bildern nicht wie ein Gezwungener, sondern mehr als ein freiwilliger Helfer.

Für Tauler besteht das Kreuz, an das sich der Übende mit Christus nageln läßt, aus vier Hölzern. «Eins oben, eins unten und zwei in der Mitte. Das oberste ist die wahre göttliche, inbrünstige Liebe. Der linke Arm ist tiefe Demut, der wird angenagelt mit Nichtachtung aller Menschen, unserer selbst und aller Dinge, die vorfallen mögen; das ist mehr als Schmach, denn die hat dann gern etwas Hoffart in sich. Der andere Arm des Kreuzes soll innere, rechte wahre Lauterkeit sein. Die wird dann an das Kreuz geschlagen, mit einem recht willigen Mangel an allem, was die Lauterkeit beflecken oder verunreinigen kann, inwendig oder auswendig, es sei, was es sei. Die Füße bedeuten wahren, vollkommenen Gehorsam. Sie werden angenagelt, mit wahrer williger Gelassenheit gegen alles, was du bist und was du hast, was es auch sei. Kinder, die Hölzer des Kreuzes werden mitten zusammengeschlagen mit: Fiat voluntas tua.» So wie auch bei Memling die Balken des Kreuzes mitten auf dem großen Platz von Jerusalem von den Zimmerleuten «zusammengeschlagen» werden, damit am Kreuz der Wille des göttlichen Vaters geschehen kann.

Bei Tauler heißt es dann weiter: «Das Haupt des Kreuzes ist die Liebe zu Gott, die hat keinen Trost, sondern allzeit ein lauteres, bloßes Herausgehen und Verlassensein von Gott und allen Kreaturen, daß du wahrlich mit Christo Jesu sprechen könntest: *Mein Gott, mein Gott, wie hast du mich verlassen!*»

Damit zitiert er das vierte der Worte Christi vom Kreuz. Er faßt in seiner Predigt die Ereignisse von Kreuztragung, Kreuzannagelung und das Am-Kreuze-Hängen Christi für seine Schüler, zu denen er spricht, in eins zusammen. Es geht ihm dabei nicht um die historischen Ereignisse, sondern um die zu erlebende und zu erleidende Gegenwart Christi. Die in seiner Vorstellung lebendigen Ereignisse des Golgatha-Geschehens sind für ihn nachzuahmende Vorbilder.

Memling hingegen stellt den Christus am Tag seines Leidens dar, bis hin zu seinem Tod am Kreuz, der eintrat, nachdem er die «sieben Worte» vom Kreuz gesprochen hat. Ein historisches Ereignis.

5. Die fünfte Stufe bezeichnet Rudolf Steiner als «Mystischen Tod und Höllenfahrt». Ein Zustand, den der Übende so erlebt, als ob sich in einem Augenblick vor alles physisch Sichtbare ein schwarzer Vorhang stellt und als ob alles verschwände. So soll für den Übenden das Erlebnis des Niederfahrens in die Hölle hinzutreten, in die Urgründe des Bösen, des Schmerzes, des Kummers und Leides. «Hat man das erlebt, dann ist es, wie wenn der schwarze Vorhang zerreißt und man sieht hinein in die geistige Welt» (Rudolf Steiner, GA 103, Vortrag vom 30. Mai 1908).

Auch Anna Katharina Emmerich sieht Christi Tod und Höllenfahrt als miteinander verbunden an wie die Mystiker. Als der Gekreuzigte seine beiden letzten Worte vom Kreuz gesprochen hatte, das *Es ist vollbracht!* und das *Vater, in deine Hände befehle ich meinen Geist!*, fährt sie in ihrer Betrachtung fort: «Dann senkte er sein Haupt und gab seinen Geist auf, und ich sah seine Seele wie einen leuchtenden Schatten bei dem Kreuze zur Erde hinab in den Kreis der Vorhölle fahren.»

Auf Memlings Bild folgt dem Kreuzestod Christi die Kreuzabnahme, während die Darstellung der Hölle, aus der Christus die Ureltern, Adam und Eva, herausführt, erst später erfolgt, als ein Ereignis des Ostermorgens, nicht des Karsamstags. Memling folgt somit in seiner Darstellung der äußeren Reihenfolge der historischen Ereignisse, wie sie auch das Credo, das Apostolikum, aufzählt: Gekreuzigt, gestorben, begraben, niedergefahren zur Hölle, am dritten Tage wieder auferstanden von den Toten.

Für die Mystiker hingegen kommt es lediglich auf ihr eigenes, persönliches Durchleben und Verändertwerden durch ihren «mystischen Tod» und ihre «Höllenfahrt» an, die notwendig sind als die Voraussetzung für das Erreichen der nächsten Stufe von Grablegung und Auferstehung. Dabei ist von den Mystikern mit Grablegung nicht die von Memling gemalte Grablegung Christi der Evangelien gemeint, sondern das erstrebte Erleben, den eigenen Leib als in der Erde ruhend und in ihr aufgehend, als irdisch und sich selbst im Erdenplaneten lebend wahrnehmen zu können.

Anna Katharina Emmerich berichtet auch von den verschiedenen Bereichen, in denen sie den Auferstehenden erlebt hat: «Ich habe aber den Herrn an sehr verschiedenen Orten, sogar im Meere gesehen, es war, als heilige und befreie er alle Kreatur, überall flohen vor ihm die bösen Geister zum Abgrund. Ich sah auch die Seele des Herrn an vielen Orten in der Erde. Ich sah sie innerhalb des Grabes von Adam unter Golgatha erscheinen und die Seelen von Adam und Eva kamen dort wieder zu ihm und er sprach zu ihnen.» Weiter sagt sie: «Es ist unaussprechlich rührend, die Seele des Herrn, von diesen seligen, getrösteten Geistern umgeben, leuchtend durch die dunkle Erde, durch Wasser und Luft und über der Erde ruhig hinschweben zu sehen.»

6. Die Mystiker erlebten die Vorgänge in der Unterwelt, wie Anna Katharina Emmerich, mit dem in der Erde, in Wasser, Luft und Meer überall gegenwärtigen Christus. Auf der sechsten Stufe ihres Weges sahen sie mit der Grablegung Christi ihr eigenes Aufgehen gemeinsam mit ihm in der Erde, die zu leuchten begann und in der sie zu leben anfingen wie vorher in ihrem eigenen irdischen Leib.

Memling dagegen malt Joseph von Arimathia und Nikodemus, die den Leichnam Jesu in das neue Grab legten, in dem noch keiner gelegen hatte, wie in Urzeiten Sem und Melchisek Adam ins Erdengrab gelegt hatten. Er macht aber auch den siegreichen Erlöser sichtbar, der Adam und Eva aus dem Höllenfeuer mit seinen unheimlichen Wesen hervorholt und befreit. Damit beginnt dann der Ostertag.

7. Mit dem Ostertag hat der Mystiker, als eigenes geistiges Erleben, die siebente Stufe seines Weges erreicht, die Stufe der Auferstehung und der Himmelfahrt erreicht. «Dieser Aufstieg», heißt es bei Rudolf Steiner, «kann nicht mehr beschrieben werden mit Worten der menschlichen Sprache und in seiner Glorie kaum geahnt werden» (Rudolf Steiner, GA 94, Vortrag vom 4. November 1906).

SCHLÜSSELFIGUREN
AUF
DEM
«PASSIONSPANORAMA»

Petrus und Johannes – Bischof und Lehrer

Das Abendmahl im Coenaculum endet mit dem Auftrag an Judas: *Was du tun willst, das tue bald*, das Frühmahl am See mit der Aufforderung an Petrus: *Folge mir nach!* Sie galt auch für den, der beim Abendmahl an der Brust des Herrn lag, der auch das Evangelium geschrieben hat, Johannes. Dabei wurde Petrus das Hirtenamt dreifach übertragen, ein Auftrag für das Werden der «einen Kirche». Die große Stunde des Simon Petrus. Doch erweckte sie nicht Stolz und Freude in ihm, wie die Stunde bei Cäsarea Philippi, in der Simon von Jesus seinen Ehrennamen Petrus der Fels erhielt, sondern große Betrübnis, weil der Auferstandene ihn zur Selbsterkenntnis führte. Petrus wurde nämlich auf seine Kleinheit verwiesen, indem der Auferstandene ihm drei Fragen stellte, die genau betrachtet grundverschieden sind, auch wenn sie auf den ersten Blick das gleiche zu beinhalten scheinen. Allerdings muß man, um zu verstehen, was sich damals zwischen dem Auferstandenen und Petrus abspielte, den griechischen Text des Evangeliums befragen, weil der Christus bei der dreifachen Frage, ob Petrus ihn liebe, zwei verschiedene Verben verwendet hat: «agapao» und «phileo».

Zu dem Verb «agapao» gehört das bekannte Substantiv «Agape», die Liebe. Was im Griechischen des Neuen Testaments damit gemeint ist, erscheint am deutlichsten im Johannes-Evangelium. So heißt es in den Abschiedsreden an die Jünger: *So wie mich mein Vater liebt, so liebe ich euch. Bleibet in meiner Liebe,* in meiner Agape (Joh. 15, 9). Das andere Wort, das der Auferstandene verwendet hat, das «phileo», bezeichnet nicht die «göttliche Liebe», die durch Christus auch in den Menschen sein kann, sondern ein nicht-göttliches «Liebhaben», eine Art Zuneigung, die sich am deutlichsten in dem griechischen Wort «Philos», Freund, ausspricht. Auch in Begriffen wie Philosophie, Liebe zur Weisheit, und anderen.

In Übersetzungen des Evangelientextes, die die verschiedene Wertigkeit dieser beiden Ausdrücke beachten, lautet die erste der drei Fragen an Petrus: *Simon, Sohn des Jona, liebst du mich mehr als die anderen hier?* Die zweite nur noch: *Simon, Sohn des Jona, liebst du mich?* Agapas me? Die dritte dann, dem Vermögen des Petrus entsprechend: *Simon, Sohn des Jona, hast du mich lieb?* Phileis me? (Joh. 20, 15–17)

Petrus gab dem Auferstandenen auf jede Frage die ihm mögliche Antwort: *Ja, Herr, du weißt, daß ich dich liebhabe.* Nach der dritten Frage Christi heißt es dann: *Petrus war betrübt, weil er ihn beim dritten Male fragte: Hast du mich lieb? und sagte zu ihm: Herr, alle Dinge sind dir offenbar, du weißt auch, daß ich dich* – nur – *liebhabe.* Petrus war sich seines Mangels bewußt. Dennoch wurde ihm das Hirtenamt dreifach übertragen. *Weide meine Lämmer! Hüte meine Schafe! Weide meine Schafe!* Und er wurde innerlich aufgerichtet durch den Vorblick auf sein Ende, durch das er Gott offenbar machen sollte, und durch den Aufruf zur Nachfolge.

Als Petrus sich auf den Weg machte, sah er, daß auch ein anderer die Nachfolge angetreten hatte, jener Jünger, mit dem Christus durch die Agape verbunden war, nicht durch die Philia wie Petrus. Darum fragte Petrus: *Herr, was aber soll dieser?* und erhielt zur Antwort, daß der andere seinen «Hirtenweg» nicht stören werde. Der andere Jünger, der beim Abendmahl an der Brust des Herrn lag und gefragt hatte: *Herr, wer ist es, der dich verrät?,* erhielt einen anderen Auftrag. Er sollte kein Hirte werden, kein Bischof im Sinne des Petrus, sondern ein Lehrer der

Christenheit, ein Apokalyptiker, ein Geistzeuge alles dessen, was im Leben Jesu, insbesondere in den heiligen drei Tagen, geschehen war.

Das war das Ergebnis des in Jerusalem erlebten Frühmahls am See, daß es in der Kirche Hirten und Lehrer geben soll. Petrus konnte es am Pfingstsonntag verkünden, dem ersten Tag des Pfingsttriduums.

Lazarus-Johannes

Der Jünger, der beim Abendmahl an der Brust des Herrn lag, der sich als Zeuge aller Geschehnisse bezeichnet, die im Evangelium geschildert sind, ist durch seine Namenlosigkeit zur Rätselgestalt für viele Kirchenhistoriker geworden. Gewiß hat keiner von ihnen übersehen, daß sowohl Lazarus von Bethanien als auch der Jünger, der mit Jesu Mutter unter dem Kreuz stand, als von Jesus geliebt bezeichnet wurden und daß für Lazarus, wie auch für den geliebten Jünger, Grabesbinden und Todesschweißtuch eine wichtige Rolle spielten. Für Lazarus bei seiner Erweckung aus dem Tod nach vier Tagen, für den geliebten Jünger in der Frühe des Ostermorgens, als er das leere Grab betrat.

Dennoch gibt es nur wenige, die den vom Tod erstandenen Lazarus und den Jünger, den Jesus liebte, als eine Person anzusehen bereit sind. Obwohl das, was der Lieblingsjünger wahrnahm, als er am Ostermorgen das leere Grab betrat, den Blick auf die Erweckung des Lazarus lenken müßte. Denn niemand wie er, ein Wiedererweckter, der vier Tage im Grabe gelegen hatte, konnte ermessen, was das Lösen der Totenbinden und das Abnehmen des Todesschweißtuchs für einen vom Tode Auferstehenden zu bedeuten hatte. Ohne selber als Lazarus in Todesbinden aus dem Grab gerufen worden zu sein, hätte in ihm niemals der Ostermorgenglaube erwachen können. Er hätte sich verhalten wie die anderen auch, glaubensunfähig.

Nur Lazarus konnte die Schritte Christi während der dreimal vierundzwanzig Stunden mit wachsendem Verstehen begleiten. Nur einer wie er, der als ein anderer aus dem Totenreich zurückgekommen war, konnte unter den Brüdern die Vermutung aufkommen lassen: *Dieser Jünger stirbt nicht* (Joh. 21, 23). Eine Vermutung, die der Jünger selber korrigierte, weil er sich seiner Sterblichkeit bewußt und ihm klar war, daß er nur ein Wiedererweckter und kein Auferstandener war. Keiner, der den Leib der Unsterblichkeit an sich trug, sondern noch den alten, dem Tode verfallenen, von Adam her.

Man kann und muß angesichts des Todes und der Erweckung des Lazarus die Frage stellen, was Christus durch das von ihm initiierte Geschehen erreichen wollte. Die Antwort darauf: *Diese Krankheit ist nicht zum Tode, sondern zur Offenbarung Gottes, daß der Sohn Gottes dadurch geoffenbart werde* (Joh. 11, 4), gab er selbst, als die Schwestern des Lazarus Boten zu ihm sandten, die ihm sagten, ihr Bruder sei krank. Durch die Erweckung wurde Lazarus der Sohn Gottes offenbar. Dadurch wurde er zum Jünger, der beim Mahl an der Brust des Herrn lag und schließlich mit der Mutter des Herrn unter dem Kreuze stand und den Auftrag empfing, als ihr Sohn die vom Heiligen Geist Erfüllte in das Seine zu nehmen.

An der Erweckung in Bethanien nahmen noch andere Menschen teil. So seine beiden Schwestern, von denen der Evangelist berichtet, daß Jesus auch sie liebte, Martha und Maria. Sie waren auf eine unvorstellbar intensive Weise mit ihrem Bruder verbunden und begleiteten sein Schicksal aus unmittelbarer Nähe. Dadurch auch das Schicksal Christi, so daß Martha das *Ich bin die Auferstehung und das Leben,* eine Selbstoffenbarung Christi, entgegennehmen durfte. Maria Magdalena salbte ihm Haupt und Füße, stand auch unter dem Kreuz und begegnete schließlich als erster Mensch dem Auferstandenen. Die Erweckung war für alle Zeugen des Geschehens überwältigend eindeutig. Sie sahen einen bereits Gestorbenen aus dem Hades zurückkehren. Christus wollte ihre Zeugenschaft, damit sie dadurch den Glauben fassen konnten, er sei von Gott gesandt.

An allem wird deutlich, daß Christus das Bekanntwerden der Lazarus-Erweckung erreichen wollte, um, wie vorauszusehen, die Gegner zum Handeln zu zwingen. Kaiphas und die Seinen waren damit aufgerufen, zu handeln.

Longinus

Von den drei auf Golgatha am Kreuze Hängenden starb Jesus als erster. Daß sein Tod bereits eingetreten war, bemerkten die Soldaten, die den dreien die Knochen zertrümmern sollten, damit sie schneller stürben, als sie an Jesus herantraten. Weil er schon tot war, zerbrachen sie ihm die Knochen nicht. Vielmehr stach einer von ihnen mit der Lanze in die rechte Seite des Leibes Jesu, von unten her unter die Rippen, und öffnete so, wie es bei Johannes heißt, seine Seite. Er ist unter dem Namen Longinus insbesondere im Bereich der orthodoxen Kirche bekannt geworden. Gregorius von Nyssa bezeichnet ihn als Bischof in Kappadokien, der unter Pilatus in Caesarea das Martyrium erlitten habe.

An den Lanzenstich des Longinus in den Leib des Gekreuzigten wird in der Proskomidie, der Vorbereitung der Gaben Brot und Wein, im orthodoxen Kultus durch ein lanzenartiges Messer erinnert, mit dem in das Brot, das für die Meßliturgie bereitet ist, gestochen wird und mit dem es geteilt wird. So wird die Tat des Longinus in den den Kreuzestod und die Auferstehung vergegenwärtigenden Messekultus symbolhaft einbezogen.

In Memlings Jahrhundert war die Gestalt des Longinus durch die sich weiter bildenden Legenden überall bekannt und auch den Künstlern bestens vertraut. Auf seinem Greverade-Altar hat Memling ihn als blinden Reiter dargestellt, dessen Lanze von einem anderen auf die «richtige Stelle» gelenkt werden mußte, damit Longinus dann zustoßen konnte. Das Blut des Gekreuzigten, das ihm dabei in die Augen floß, so berichtet die Legende, heilte seine Blindheit und machte ihn sehend. Damit waren seine Augen nicht mehr «gehalten», sondern für Christus aufgetan.

Auf dem «Passionspanorama» dagegen erscheint Longinus nicht zu Pferde, sondern steht unter dem Kreuz. In der einen Hand hält er den Speer, mit der anderen wischt er seine Augen. Longinus hatte in dem Geschehen der dreimal vierundzwanzig Stunden eine wichtige Funktion. Er sollte mit der Lanze den «Quell des Heiles» erschließen, das heilende heilige Blut zum Strömen bringen, um die ersterbende Welt wieder zu beleben.

Sicher ist es richtig, ihn als Blinden darzustellen, auch wenn der Soldat, von dem Johannes im 19. Kapitel seines Evangeliums berichtet, ganz sicher nicht blind war, sondern, wie der Evangelist auch, mit seinen Augen sah, daß Blut und Wasser aus der Wunde flossen. Er konnte daraus, genauso wie der Evangelist auch, schlußfolgern, daß der am Kreuze Hängende schon tot war. Nur konnte er nicht wie Johannes, der dem Tode als Lazarus schon begegnet war, ermessen, welche Macht vor seinen Augen im Begriff war, den Tod zu überwinden. Dafür war er blind. Wodurch dieser Soldat dann für die geistige Wirklichkeit sehend wurde, ist die Frage. Ging es ihm wie dem Centurio, der, ähnlich wie der gute Schächer am Kreuz, durch das Miterleben der Ereignisse belehrt, rufen konnte: *Wahrhaftig, dieser ist der Sohn Gottes gewesen!*?

Wie es historisch auch immer gewesen sein mag, die Legende macht aus dem Soldaten mit der Lanze den Bischof in Kappadokien, den Blinden, der, zu Fuß oder zu Pferde, durch das Blut Christi sehend wurde.

Diesen Longinus malt Hans Memling als seinen Schutzpatron für sich und die Betrachter seiner Bilder, die, wie er, den Quell des Heiles erschließen möchten, um sehend zu werden.

TIERE AUF DEM «PASSIONSPANORAMA»

Auf Memlings «Passionspanorama» sind neun verschiedene Tiere zu sehen: ein Esel, ein Ziegenbock, ein Hahn, ein Pfau, Pferde in dreierlei Farben, vier Hunde, ein Affe, eine Meise und eine Elster. Auf seinen anderen Bildern malte Memling auch Schwäne, eine Schlange, einen Frosch, schwarze und weiße Schafe, des öfteren, wenn er Johannes den Täufer darstellte, ein Lamm, das Lamm Gottes, oder Ochs und Esel im Stall zu Bethlehem, Tauben, die auf den Heiligen Geist hinweisen, und Kamele, auf denen die Diener der Heiligen Drei Könige ins Heilige Land reiten.

Es handelt sich um ein Bilderalphabet, dessen Bedeutung man lernen muß, um Memling zu verstehen. Er und seine Zeitgenossen beherrschten diese Sprache, die auch im Alten und Neuen Testament gesprochen und verstanden wurde.

Der Palmsonntagsesel, auf dem Jesus in die Heilige Stadt ritt, die «lastbare Eselin» und ihr Füllen, auf dem noch nie ein Mensch gesessen hatte, war überall bekannt und wurde, in Holz geschnitzt, auf Palmsonntagsprozessionen herumgetragen. Mit dem weißen Ziegenbock der Tempelreinigungsszene weist Hans

Memling auf den Sündenbock des Alten Testamentes hin, der, mit den Sünden des Volkes beladen, in die Wüste gejagt wurde.

Am häufigsten malt Memling Pferde, Reitpferde. Weiße, schwarze, braune, graue, von denen jedes eine besondere Bedeutung hat, wie die vier Pferde der Apokalypse, die er auf dem Apokalypse-Panorama des Johannes-Altares dargestellt hat. Jedes dieser Pferde zeigt den Charakter seines Reiters. So läßt er Kaiphas, den Hohepriester, nie auf einem makellosen Tier sitzen, weder auf dem Passionstableau noch auf dem Greverade-Altar. Das braune auf dem Passionstableau hat auf dem Hinterteil einen Fleck, es ist nicht «fleckenlos». Das auf dem Greverade-Bild ist eine Blesse, ein Tier mit weißer Stirn und weißer Schnauze, was beides – als Pferde noch zum Bild der Straßen in Stadt und Land gehörten – als Makel gelten konnte (Bächthold-Stäubli, Handwörterbuch des deutschen Aberglaubens). Vielerorts hatten die Pferde vor einem Leichenwagen schwarz oder wenigstens schwarz bekleidet zu sein. Auch hieß es, daß der Tod auf einem schwarzen Pferde reite, wenn er komme, um jemanden zu holen. Auch der grausam wirkende Reiter auf Memlings Bild, eine Art Psychopompos (Seelenführer), der die beiden Schächer an einem schwarzen, verknoteten Strick hinter sich her zum Kreuz zerrt, sitzt auf einem Rappen, einem schwarzen Pferd.

Im Gegensatz dazu läßt Memling Pilatus auf einem Schimmel reiten, einem Tier des Lichtes, des Sonnengottes, oder seines ihn abbildenden römischen Kaisers. Auch der «weiße Reiter» der Apokalypse gehört hierher (Apk. 19, 11). Auf der Mitteltafel des Greverade-Altars malt Memling auch ein graues Pferd, auf dem der blinde Longinus sitzt, der weder Hell noch Dunkel sehen kann.

Mit den Affen symbolisiert Memling die eitle Boshaftigkeit und das Dem-Bösen-Verfallensein einzelner seiner Gestalten, auch den Teufel selbst, der als Pilatus, Kaiphas und der Schwarze vom Kreuz zurückkehrt, auf dem Dache sitzt und sie bereits erwartet. Hinzu kommen die vier Hunde, von denen der eine – hinter Jesus vor dem thronenden Pilatus – eine Pfote hebt, als spüre er Schmerz. Ein deutlicher Gestus von Mitleid. Daneben malt Memling einen Schoßhund, der zur Seite der beiden Zimmerer des Kreuzes alles verschläft. Ein dritter zerrt am Rock des blinden, vom Kind geführten Bogenschützen und versucht ihn von der Kreuzannagelung zurückzuhalten. Der vierte trinkt von dem Wasser, das unter dem Am-Kreuz-Zusammengebrochenen aus der Erde fließt.

Unter all den von Hans Memling dargestellten Tieren ist keines, das nicht etwas über das Geschehen zwischen dem Palmsonntag und dem Frühmahl am See auszusagen hätte.

LITERATURHINWEISE

Adolf Adam: *Das Kirchenjahr mitfeiern.* Herder-Verlag, Freiburg im Breisgau 1979.

Apuleius: *Metamorphosen oder Der goldene Esel.* Akademie-Verlag, Berlin 1956.

Hanns Bächthold-Stäubli: *Handwörterbuch des deutschen Aberglaubens.* Walter de Gruyter, Berlin 1986.

Hans Belting/Christiane Kruse: *Die Erfindung des Gemäldes. Das erste Jahrhundert der niederländischen Malerei.* Hirmer-Verlag, München 1994.

Carl Bezold: *Die Schatzhöhle.* Syrisch – deutsch. Leipzig 1883.

Clemens Brentano: *Das bittere Leiden unseres Herrn Jesu Christi. Nach den Betrachtungen der gottseligen Anna Katharina Emmerich.* Verlag Paul Pattloch, Aschaffenburg 1969.

Anna Katharina Emmerich: *Nach den religiösen Schriften von Clemens Brentano.* Verlag Paul Pattloch, Aschaffenburg 1969.

Jean-Claude Frère: *Frühe flämische Malerei.* Finest S.A. Editions Pierre Terrail, Paris 1996 (deutsch 1997).

Rudolf Frieling: *Die Verklärung auf dem Berge.* Verlag Urachhaus, Stuttgart 1969.

Joseph von Görres: *Die christliche Mystik.* Vito von Eichborn Verlag, Frankfurt a. Main 1989.

Johann Wolfgang von Goethe: *Schriften zur Literatur.* In: *Goethes Werke.* Stuttgart/Berlin 1902–1912. Jubiläumsausgabe 36,9.

Micha Josef bin Gorion: *Die Sagen der Juden.* Rütten & Loening, Frankfurt 1919.

Johan Huizinga: *Herbst des Mittelalters. Studien über Lebens- und Geistesformen des 14. und 15. Jahr-*

hunderts in Frankreich und in den Niederlanden. Herausgegeben von Kurt Kösler. Alfred Kröner Verlag, Stuttgart 1965.
Joachim Jeremias: *Jerusalem zur Zeit Jesu.* Vandenhoeck und Ruprecht, Göttingen 1962.
Carl Gustav Jung: *Aion.* Rascher-Verlag, Zürich 1951.
E. Kluckert: *Die Erzählformen des spätmittelalterlichen Simultanbildes.* Das Münster, Tübingen 1974.
Christiane Kruse, siehe: Hans Belting/Christiane Kruse: *Die Erfindung des Gemäldes.*
Diether Lauenstein: *Das Geheimnis des Wals. Melvilles Moby Dick und das Alte Testament.* Verlag Urachhaus, Stuttgart 1973.
Diether Lauenstein: *Der Messias. Eine biblische Untersuchung.* Verlag Urachhaus, Stuttgart 1971.
Pico della Mirandola: Zitiert nach Erich Neumann, Tel Aviv, in: *Eranos-Jahrbuch*, 1954, Bd. 12, S. 16.
Hans Erich Nossack: *Begegnungen im Vorraum.* Suhrkamp-Verlag, Frankfurt am Main 1963.
Jan van Ruisbroeck: *Die Zierde der geistlichen Hochzeit.* Insel-Verlag, Leipzig 1924.
Fra Girolamo Savonarola: *Leichenrede für Pico della Mirandola.* Siehe: Rudolf Steiner: *Gegenwärtiges und Vergangenes im Menschengeiste* (GA 167), Vortrag vom 11. April 1916.
Rudolf Steiner: *Gegenwärtiges und Vergangenes im Menschengeiste* (GA 167), Vortrag vom 11. April 1916.
Rudolf Steiner: *Das Johannes-Evangelium* (GA 103), Vortrag vom 30. Mai 1908.
Rudolf Steiner: *Kosmogonie: Die Theosophie an Hand des Johannes-Evangeliums* (GA 94).
Rudolf Steiner: *Vor dem Tore der Theosophie* (GA 95), Vortrag vom 28. August 1906 und Vortrag vom 3. September 1906.
Rudolf Steiner: *Weltwesen und Ichheit* (GA 169), Vortrag vom 4. Juli 1916.
Ethelbert Stauffer: *Jesus, Gestalt und Geschichte.* Francke Verlag, Bern/München 1957.
Johannes Tauler, aus zwei Predigten: *Quasicedrus exaltata sum. Si exaltatus fuero.* Insel-Verlag, Leipzig 1923.
Dirk de Vos: *Hans Memling. Das Gesamtwerk.* Belser-Verlag, Stuttgart/Zürich 1994.
Hans Walter: *Griechische Götter.* R. Piper-Verlag, München 1971.
Friedrich Weinreb: *Der göttliche Bauplan der Welt.* Origo-Verlag, Bern 1978, S. 96ff.
F. Winkler: *Das Werk des Hugo van der Goes.* Berlin 1964, zitiert aus: Hans Belting/Christiane Kruse: *Die Erfindung des Gemäldes.*